RÉUNION DES MUSÉES NATIONAUX – GRAND PALAIS

Directeur des éditions
Alban de Nervaux

Directrice adjointe des éditions
Marie-Dominique de Teneuille

Chef du département du livre
Clotilde La Batide-Alanore

Responsable d'édition
Delphine Badreddine pour Jaune Citron

Relecteur
Philippe Rouet

Iconographe
Élise Vanhaecke

Graphiste
David Alazraki

Responsable de fabrication
Philippe Gournay

Photograveur
APS Chromostyle, Tours

Imprimeur
Pollina, Luçon - L73807

(À droite) Les Pains de Picasso

Robert Doisneau, 1952.

254-256, rue de Bercy 75012 Paris
ISBN : 978-2-7118-6283-2
JA 10 6283
Dépôt légal : septembre 2015

Pablo Picasso

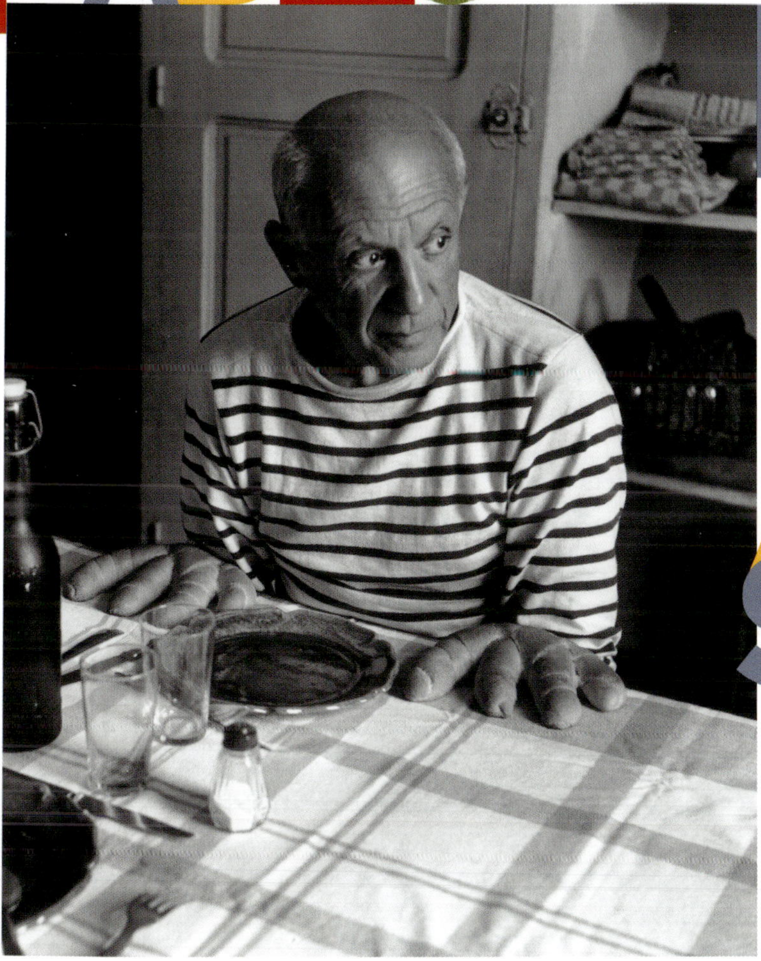

25 chefs-d'oeuvre expliqués aux enfants

ÉLISABETH DE LAMBILLY

LES INCONTOURNABLES DE L'ART

Picasso, une œuvre qui traverse le XXe siècle...

1881
Pablo Picasso naît en Andalousie. Il y passe les premières années de sa vie.

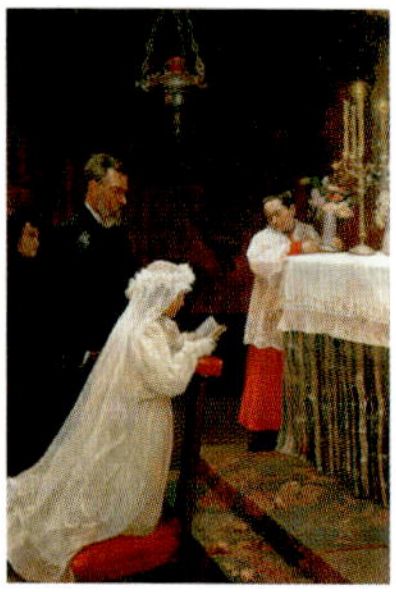
p.8

1897 À 16 ans, il est admis à l'Académie royale de Madrid.

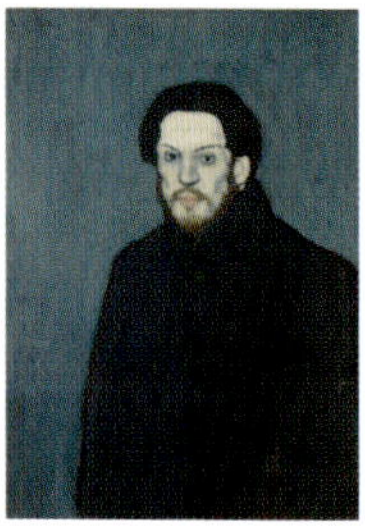
p.10

1901 Picasso vit entre Barcelone et Paris. Dans ses toiles, le bleu prédomine. C'est la période bleue.

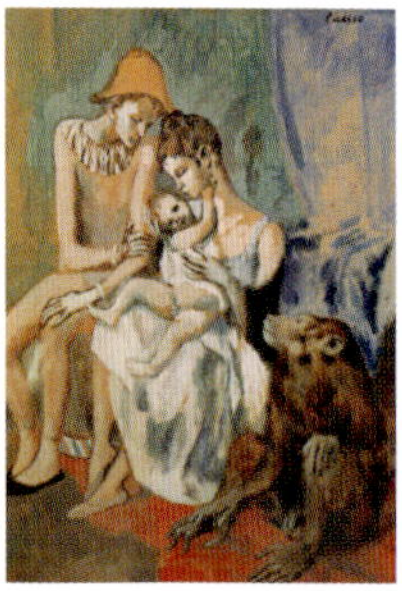
p.12

1904 Picasso s'installe définitivement à Paris. Il se lie d'amitié avec des artistes et des poètes. Sa palette se réchauffe : c'est la période rose.

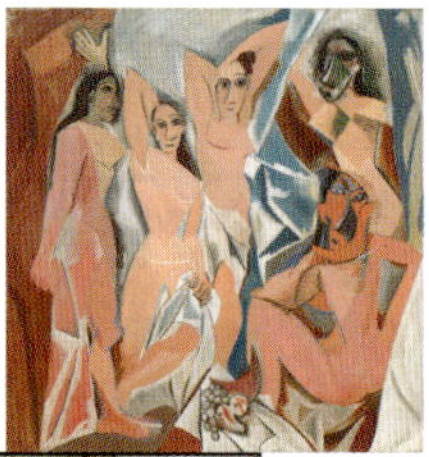
p.14

1907 Avec *Les Demoiselles d'Avignon*, Picasso rompt avec la tradition académique.

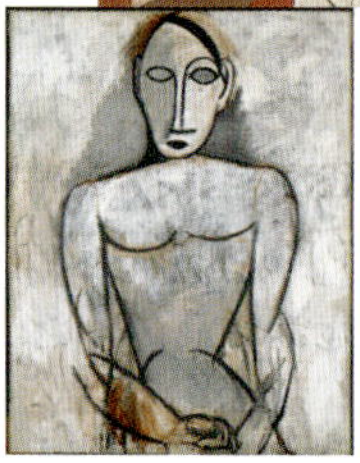
p.16

1908 Avec le peintre Braque, Picasso invente le cubisme et bouleverse ainsi les codes de représentation.

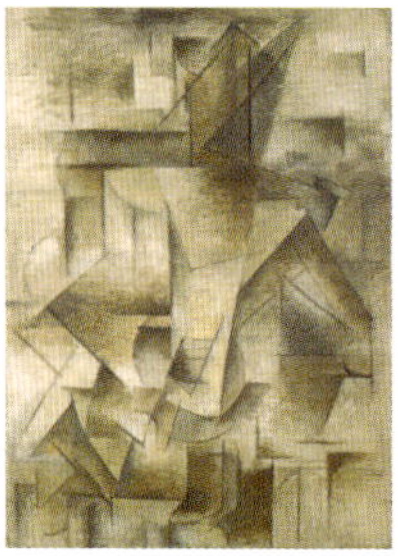
p.18

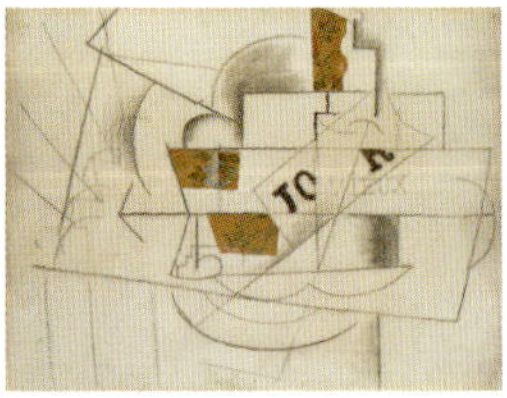
p.20

1912 Picasso introduit des objets collés dans ses toiles.

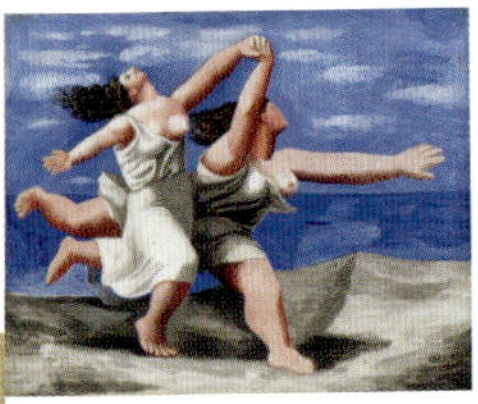
p.22

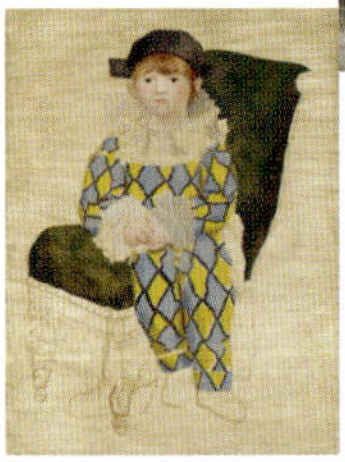
p.24

1917-1925 Picasso réinterprète à sa manière l'héritage classique.

1925 Picasso se rapproche des surréalistes. Sous son pinceau, les corps se déforment et se métamorphosent. Il se consacre de plus en plus à la sculpture.

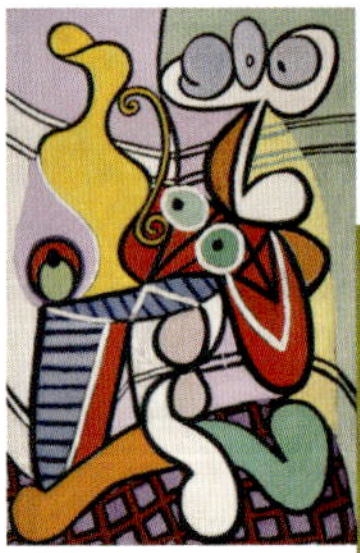
p.26

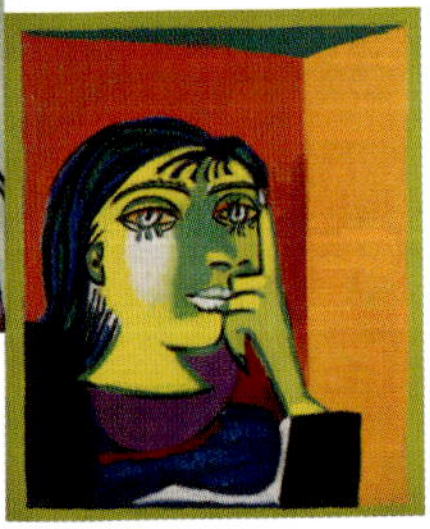
p.28

1937 Au bombardement de Guernica (Espagne), Picasso répond par une immense toile qui résonne comme un cri.
p.30

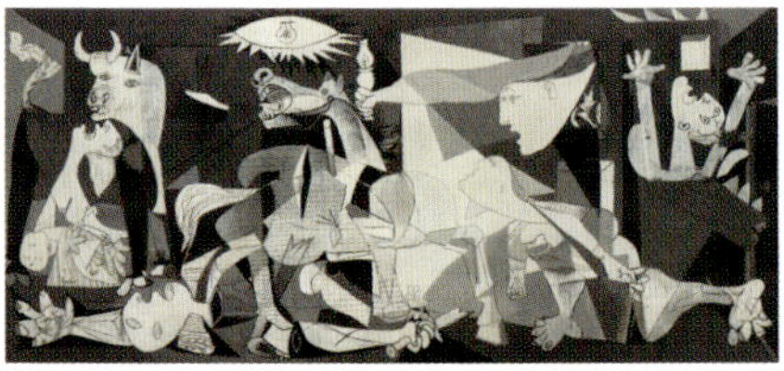

p.34

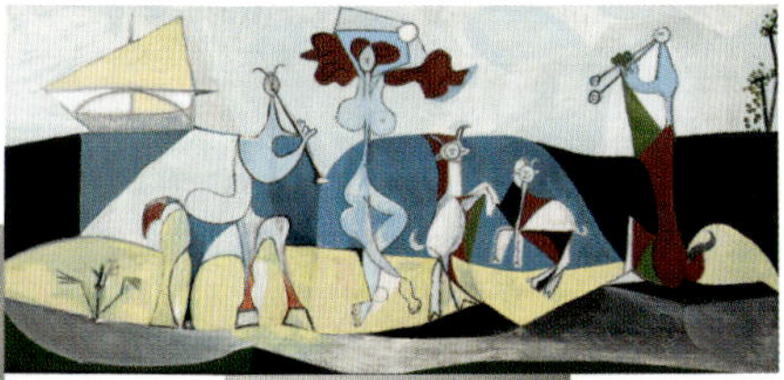

1947 Picasso s'installe dans le sud de la France, près de la Méditerranée. Il y découvre notamment la céramique.

p.36

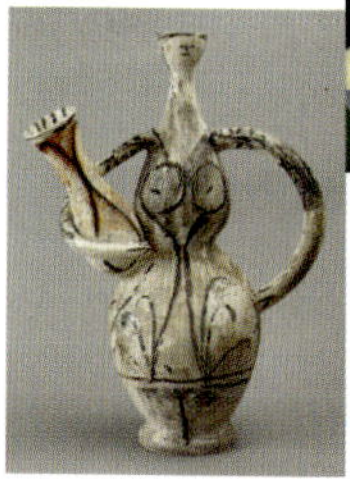

p.38

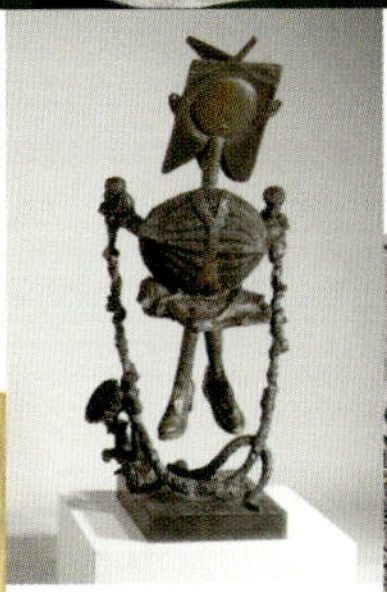

p.40

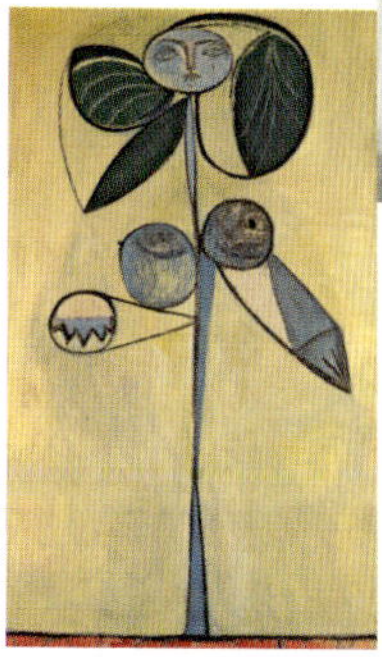

p.42

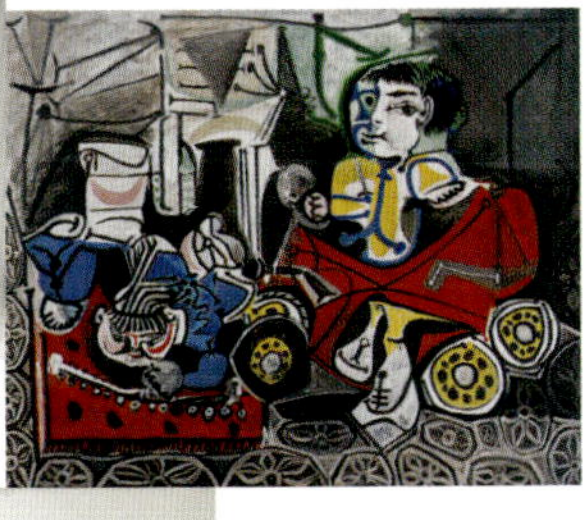

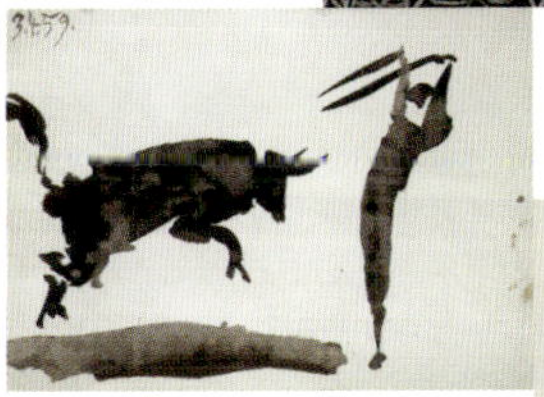

p.44

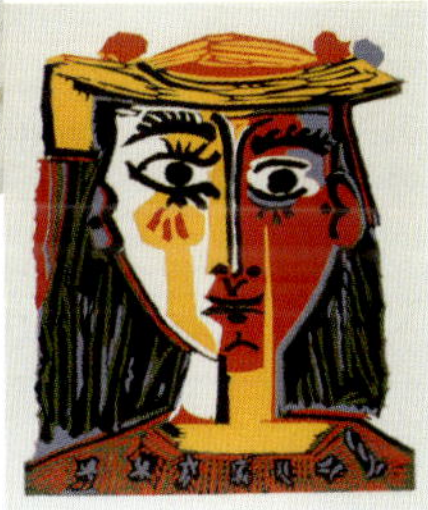

p.46

p.52

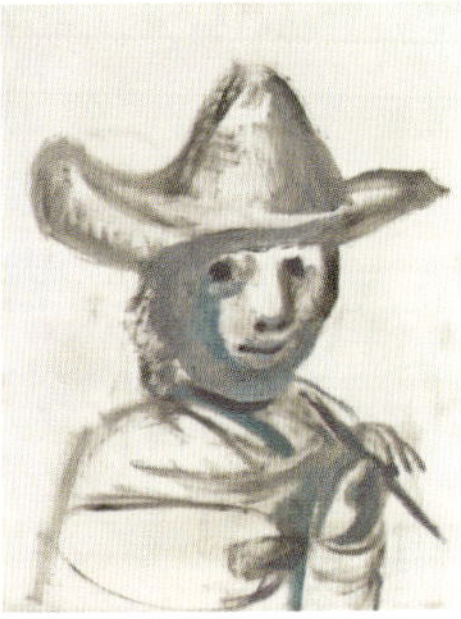

1973 Picasso meurt le 8 avril. Jusqu'au bout, il peindra avec une liberté et une vitalité impressionnantes.

p.54

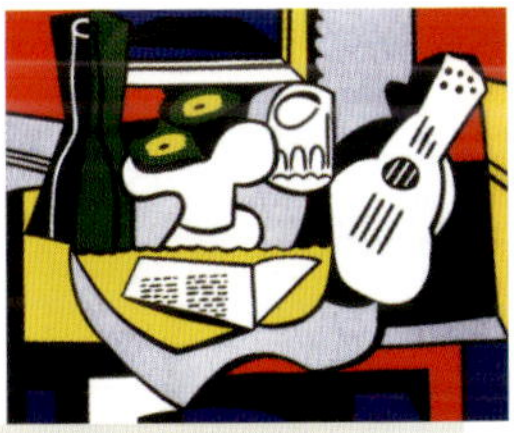

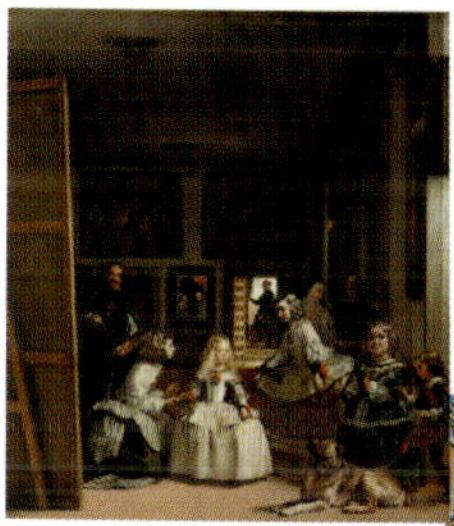

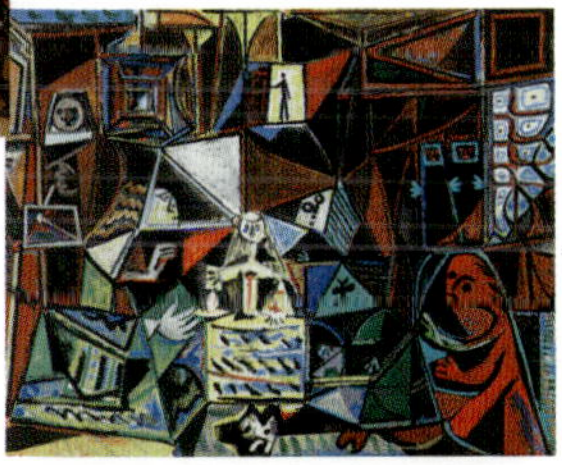

p.48

1955-1965 Picasso se confronte à des chefs-d'œuvre anciens dont il fait des séries de variations.

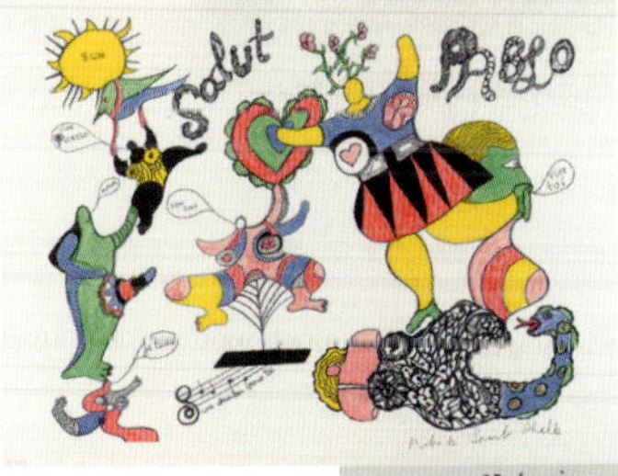

p.56

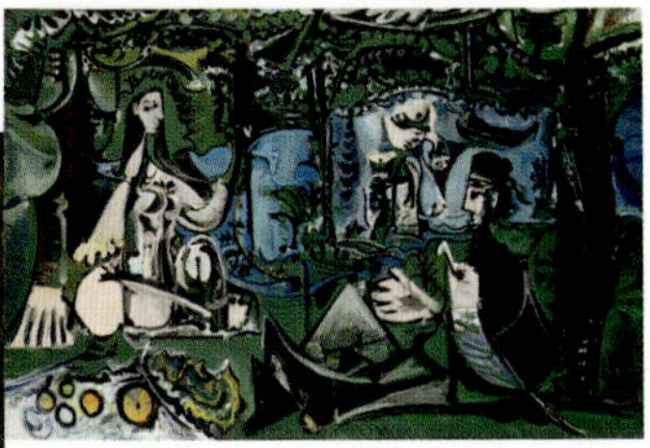

p.50

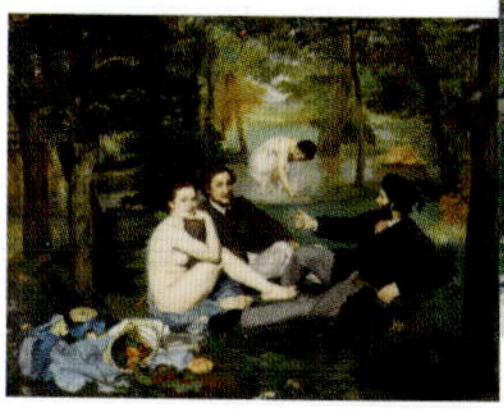

p.58

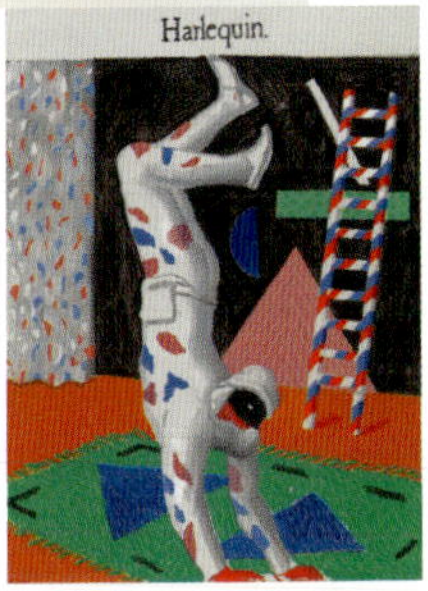

Depuis 1973 Les artistes continuent de s'inspirer de l'œuvre foisonnante de Picasso.

La Première Communion

PREMIERS PAS

Quel âge a Picasso lorsqu'il peint ce tableau ? 15 ans seulement ! Né en 1881, à Malaga, au sud de l'Espagne, Pablo Ruiz Picasso est le fils de José Ruiz, peintre et professeur de dessin, et de Maria Picasso. De son père, le petit Pablo reçoit les pinceaux et l'éducation artistique. De sa mère, il hérite des yeux ronds et noirs qu'il promène sur le monde. Très vite, le jeune garçon montre une prédilection pour le dessin. À 15 ans, il est admis à la prestigieuse école des Beaux-Arts de Barcelone. Là, il assimile avec une rapidité surprenante toutes les règles de la peinture classique.

Picasso est bon élève : il peint cette toile sans fantaisie, selon le style académique et rigoureux qu'on attend d'une peinture de ce genre. Son père l'encourage : c'est lui qui suggère à Pablo le thème religieux et populaire de ce tableau, destiné à être présenté lors d'une exposition.
En 1897, Picasso est admis à l'Académie royale de Madrid. Mais il s'y ennuie, il revient bientôt à Barcelone où il crée son propre atelier. Il a 18 ans et une solide formation artistique. Désormais, il est libre d'inventer sa propre manière de peindre.

Dans cette mise en scène figée, Picasso laisse poindre le mouvement : le garçon, troublé par la jeune fille, manque de renverser le vase sur l'autel. Dans son geste pour le rattraper, quelques pétales sont tombés sur le sol.

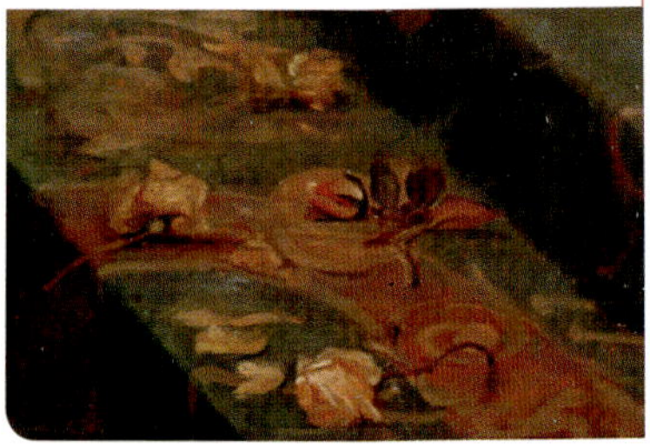

Cette jeune fille n'est autre que Lola, la sœur du peintre. Elle est vêtue d'une robe de communiante dont le blanc immaculé attire l'œil.

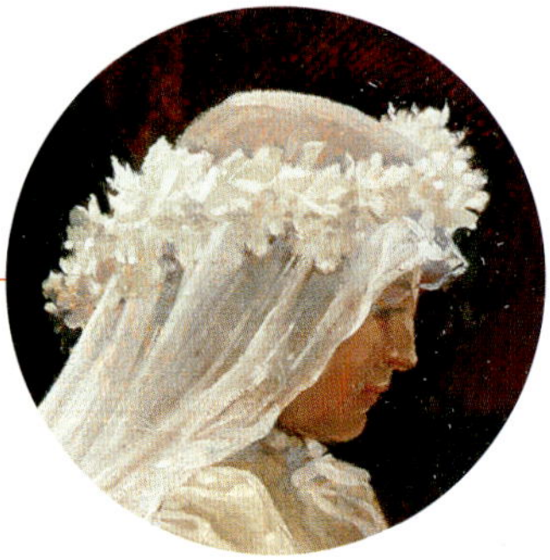

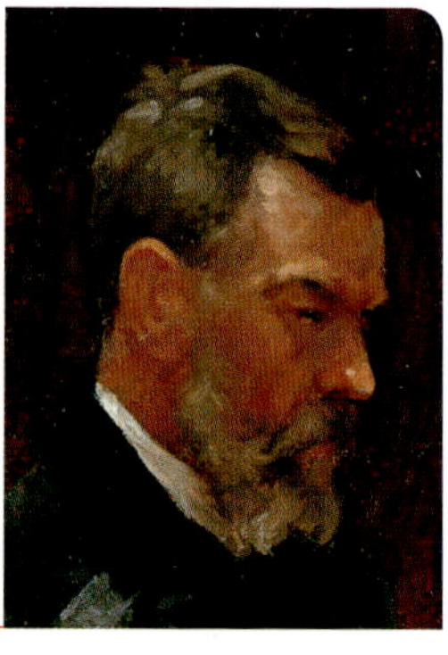

Et voici José Ruiz, le père de Pablo. Qu'il a l'air sévère !

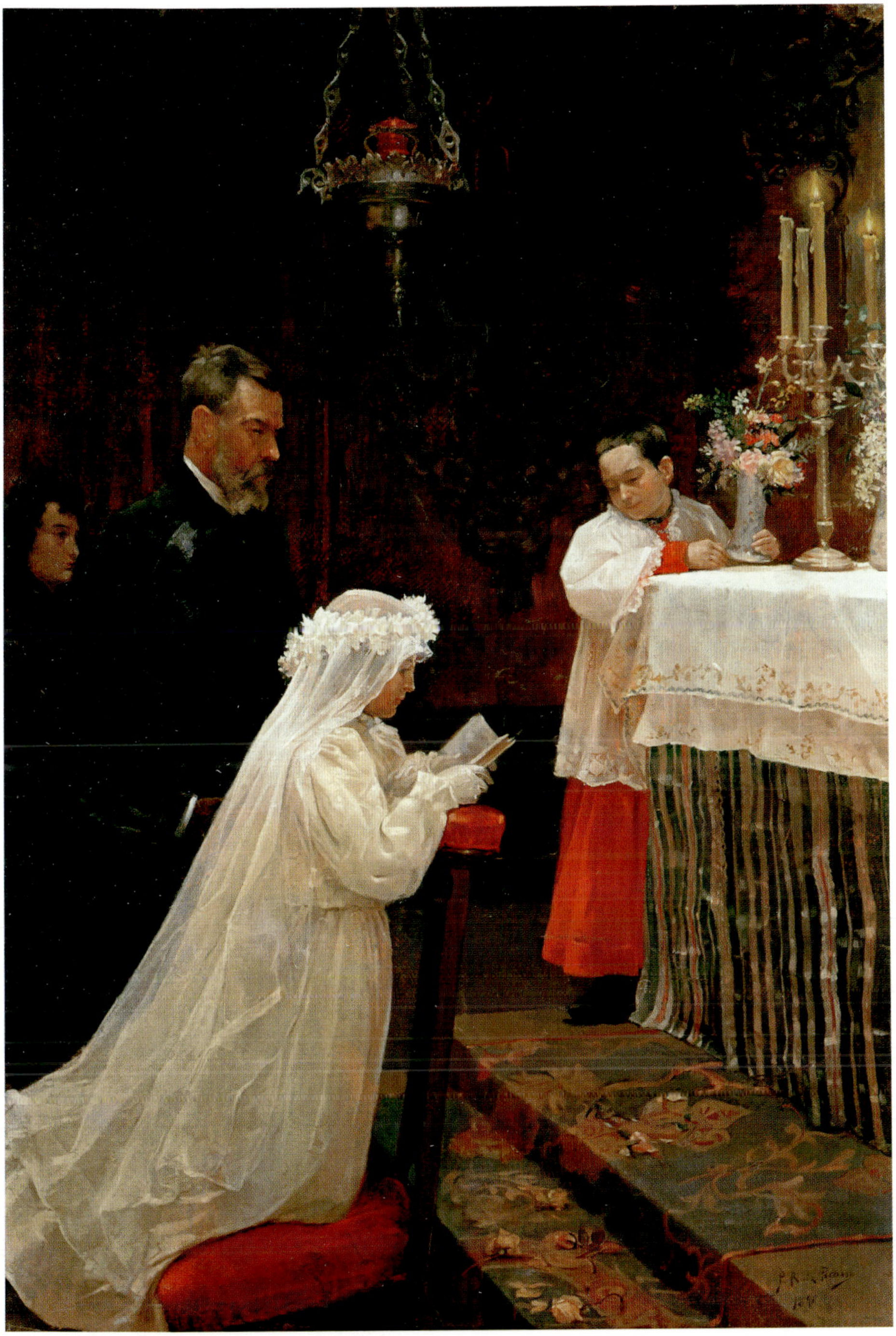

La Première Communion

1896, huile sur toile, 166 x 118 cm, Museu Picasso, Barcelone.

Autoportrait

LA VIE EN BLEU

Quel âge a Picasso quand il peint cet autoportrait ? Seulement 20 ans… Pourtant, il semble bien plus vieux ! Sombre est le manteau sans forme dont il est habillé, sombres sont les cheveux figurés d'un simple aplat de couleur. Le peintre se représente immobile, posé sur un fond bleu, monotone.

Picasso mène une vie de bohème au milieu de jeunes artistes d'avant-garde, entre Barcelone et Paris, qu'il découvre. Réunis au cabaret *Els Quatre Gats*, « Les Quatre Chats », ils veulent renouveler les arts et changer le monde. Picasso se lie d'amitié avec un autre peintre, Carlos Casagemas. Ensemble, ils séjournent à Paris et Picasso y peint des toiles imprégnées de l'atmosphère légère de la Belle Époque.

Mais en 1901, un drame survient. Casagemas se donne la mort et sa disparition affecte beaucoup Picasso. Peut-être à l'image de sa tristesse, le bleu vient dominer sa palette et donne son nom aux œuvres de cette période. Avec cette teinte froide, le peintre s'interroge sur la condition des hommes. Il raconte la misère : il peint des aveugles, des mendiants recroquevillés, des personnages longs et maigres ou des femmes vulnérables qui protègent leur bébé.

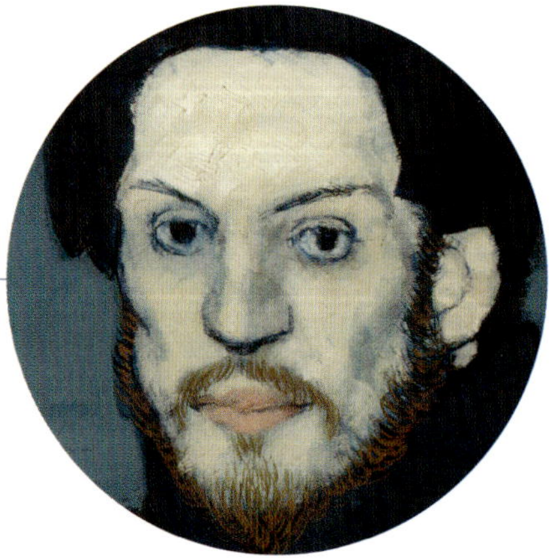

Le visage très pâle est entouré d'une barbe hirsute. Dans les traits creusés, les yeux ronds et vides du peintre fixent le spectateur.

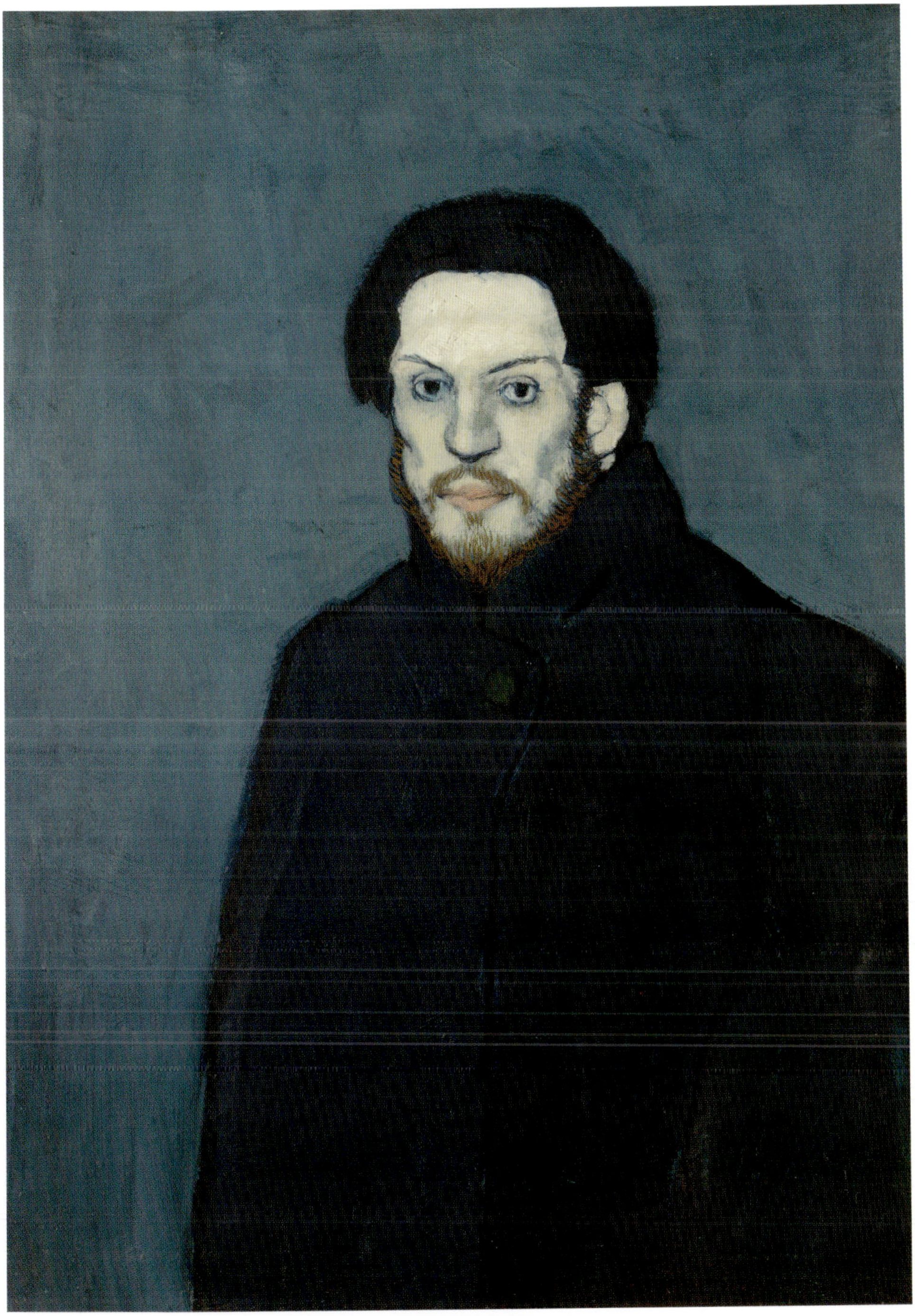

Autoportrait

1901, huile sur toile, 81 x 60 cm, musée national Picasso, Paris.

Famille d'acrobates

BONJOUR TENDRESSE

En 1904, Picasso s'installe à Paris, dans l'atelier du Bateau-Lavoir, près de Montmartre où vivent de nombreux artistes. Il devient l'ami du peintre Matisse et du jeune poète Apollinaire. Il y rencontre aussi Fernande, et tombe amoureux de ses yeux verts. Sa palette change. Il y met de nouvelles couleurs plus claires et plus lumineuses. Des tons orangés et roses, des harmonies douces comme la tendresse. C'est la « période rose ».

Malgré la pauvreté, Picasso aime sa vie bohème, elle ressemble à celle des acrobates, des clowns, des saltimbanques et de ces gens du cirque qui peuplent ses œuvres. Ici, on dirait que le peintre a surpris une famille d'acrobates dans les coulisses, derrière le chapiteau. Son trait est fin, précis, et son dessin classique. D'ailleurs, cette peinture rappelle d'autres tableaux plus anciens…

Avec une grande maîtrise, Picasso joue avec le célèbre thème de la Sainte Famille : de nombreux peintres italiens de la Renaissance représentaient Marie tenant l'Enfant Jésus, aux côtés de Joseph, son époux. Dans le tableau de Picasso, la mère s'apprête à déposer un baiser sur la joue de son enfant assis, à demi nu, sur ses genoux. À côté, le père se tourne vers eux et s'incline pour les contempler. À droite, un babouin accroupi les regarde avec une intensité et une expression presque humaine. Pourtant, malgré la douceur qui se dégage de cette toile, elle est teintée d'une profonde mélancolie. La tendresse de Picasso a des notes de tristesse.

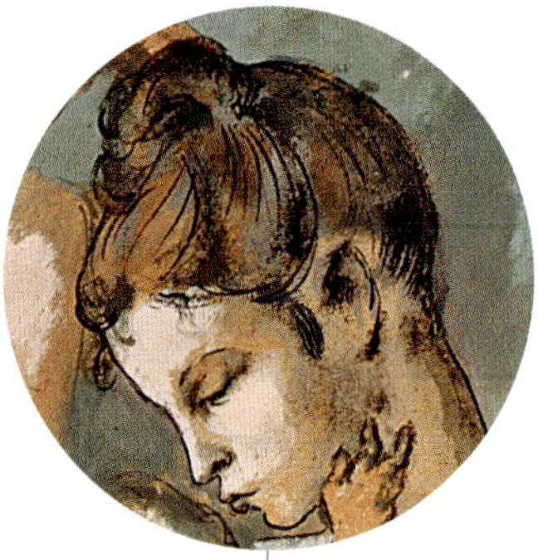

La jeune maman occupe le centre du tableau. Tout est gracieux chez elle, le chignon, la nuque penchée, et son pied qu'elle soulève légèrement. Peut-être est-elle écuyère ou même funambule ?

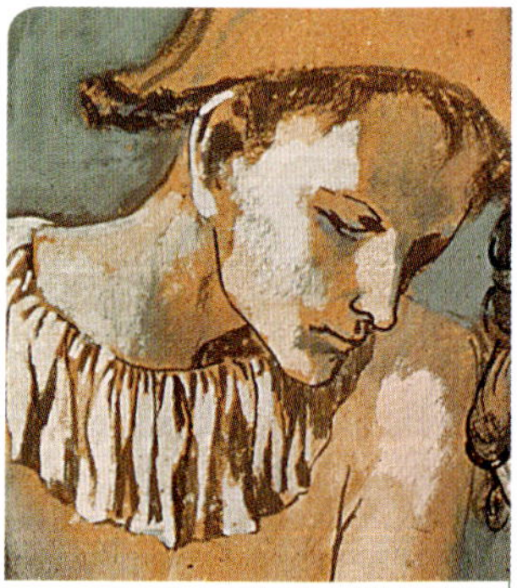

Le père est vêtu d'un costume d'arlequin, l'un des personnages favoris du peintre.

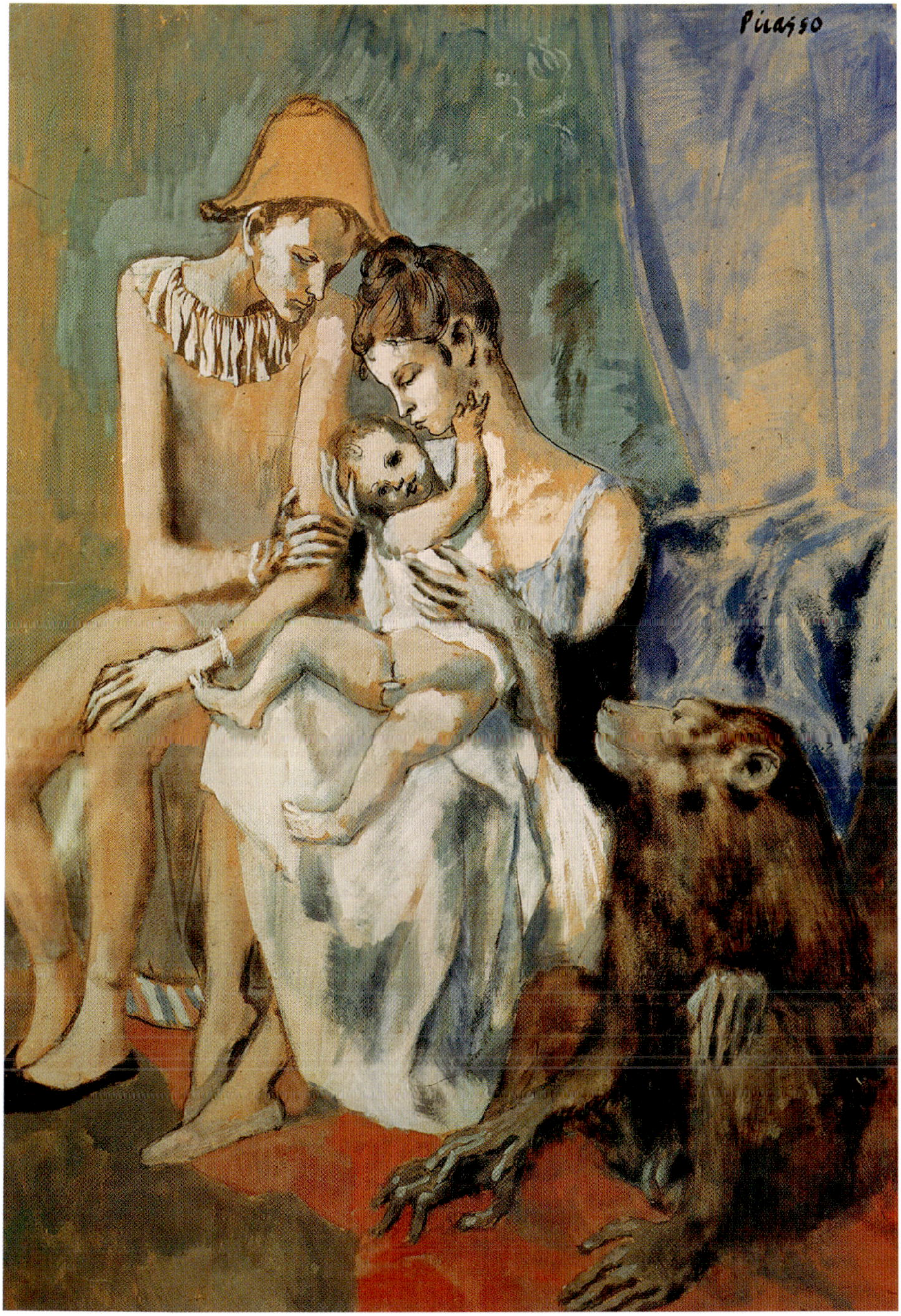

Famille d'acrobates

1905, gouache, aquarelle, pastel et encre de Chine sur carton,
104 x 75 cm, Konstmuseum, Göteborg.

Les Demoiselles d'Avignon

LE DÉBUT DE L'ART MODERNE

Scandale ! Consternation ! Quelle mouche a piqué Picasso ? Les amis du peintre sont stupéfaits. Quand il leur montre cette toile à laquelle il a longuement travaillé dans le secret de son atelier, aucun ne la comprend. Des femmes plus grandes que nature se tiennent déshabillées, sur une scène devant un rideau, comme des statues imposantes. Elles fixent le spectateur de leurs yeux trop grands et vides. Les visages sont découpés en surfaces géométriques, les formes sont raides, et les couleurs se limitent à des nuances d'ocres, de bleus et de gris. Et l'on voit même parfois apparaître la trace de la brosse ! Tout cela semble brutal, terrible même.

Ce qui est révolutionnaire dans ce tableau, ce n'est pas de peindre des femmes nues : c'est un thème classique dans la peinture traditionnelle. C'est plutôt la façon dont Picasso les représente. Volontairement, il ne cherche pas à imiter la nature, comme les artistes avaient l'habitude de le faire depuis l'Antiquité. Il déconstruit les corps avec violence. Il trace des angles, des arêtes coupantes.

Devant les réactions choquées de ses amis, Picasso garde le tableau caché dans son atelier pendant près de dix ans. *Les Demoiselles* ne seront vraiment connues qu'après 1937, lorsqu'elles seront achetées par le musée d'Art moderne de New York. Et pourtant, cette peinture, qui ne peut pas laisser indifférent, est considérée aujourd'hui comme marquant le début de l'art moderne.

Picasso a construit sa toile pour nous forcer à la regarder : cette femme ouvre le rideau et dévoile des personnages immenses. Le peintre a laissé très peu d'espace entre les personnages, notre regard ne peut pas s'évader dans le décor.

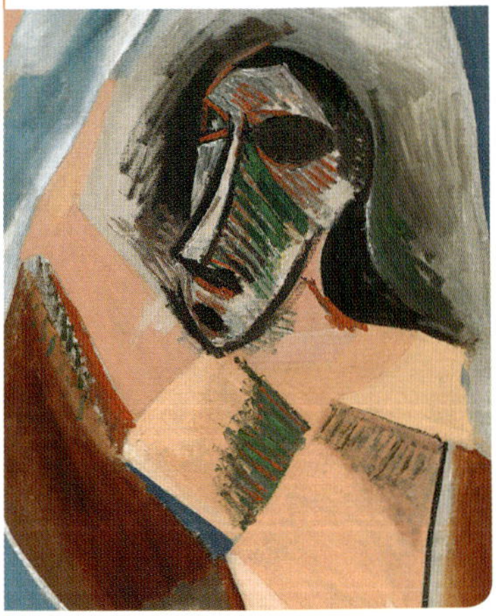

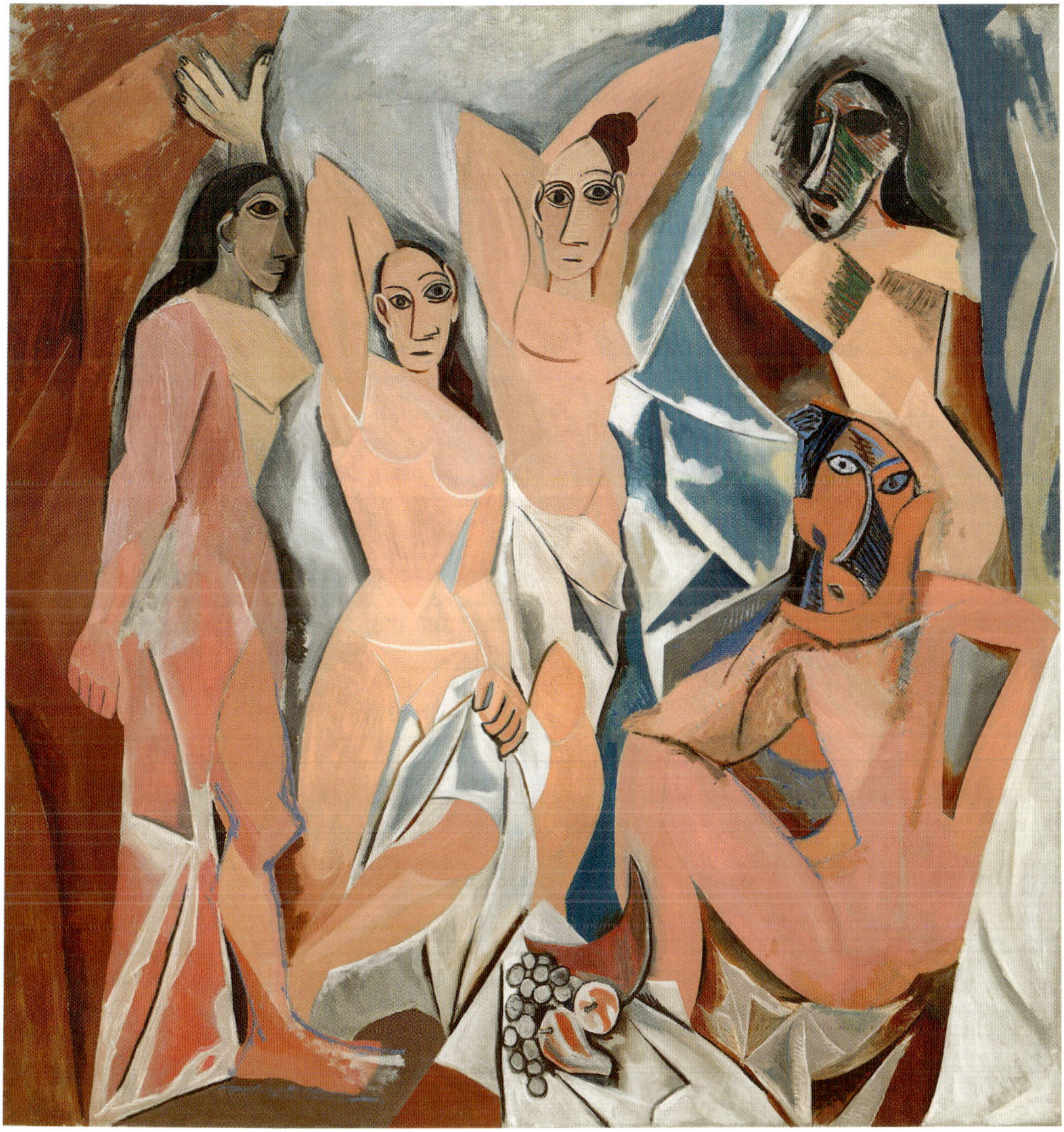

Les Demoiselles d'Avignon

1907, huile sur toile, 243,9 x 233,7 cm,
The Museum of Modern Art, New York.

Les Demoiselles d'Avignon

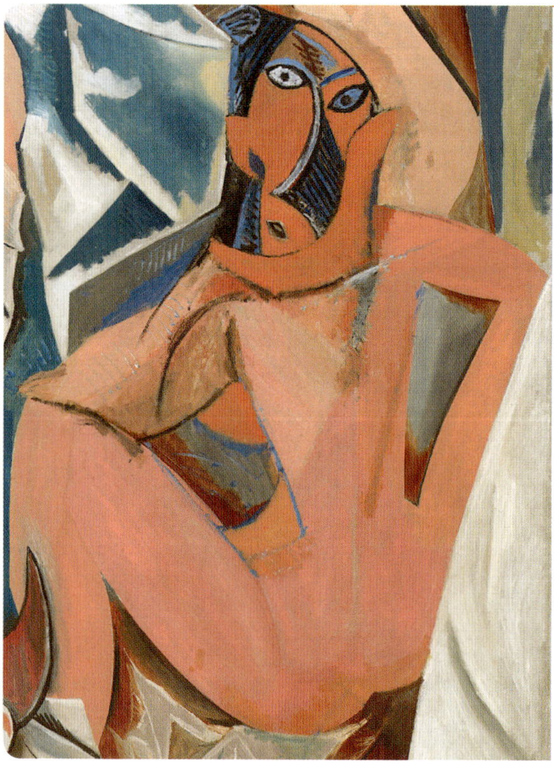

Cette femme accroupie est bizarre: on voit son corps de dos et pourtant sa tête est tournée de face vers nous. Elle est représentée sous deux angles différents. Avec sa peinture, Picasso a envie de raconter autre chose que ce qu'il voit. Pourquoi peindre le corps tel qu'il est puisque l'on peut désormais le photographier avec un appareil?

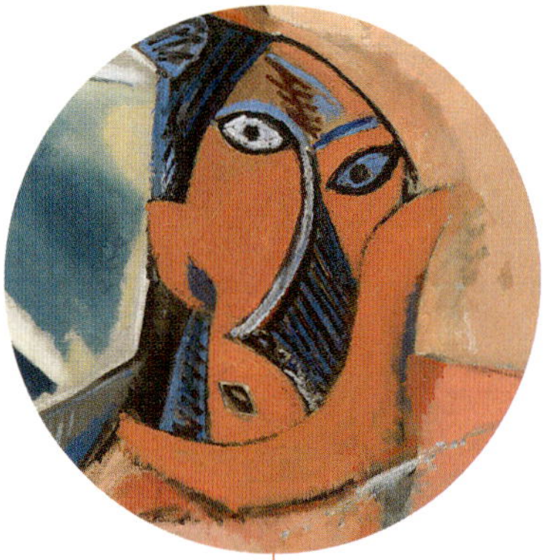

Ce visage est simplifié et stylisé. Pour cela, Picasso s'est inspiré des masques traditionnels africains qu'il a récemment découverts. Ces masques rituels appartiennent aux arts que l'on appelle «primitifs».

En bas de la toile, Picasso reprend la tradition de la «nature morte» en représentant des objets et des victuailles posés sur une nappe. Là encore, il n'y a plus d'espace: on dirait que la tranche de melon et le raisin vont tomber. La table semble être sur le point de se renverser.

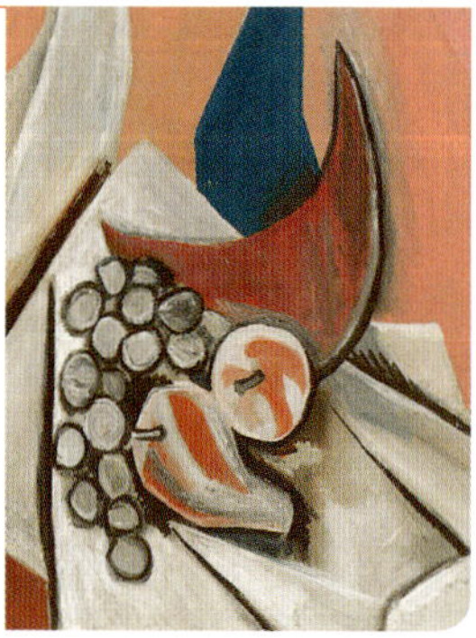

Femme aux mains jointes ▷
Pour peindre la grande toile des *Demoiselles*, Picasso a effectué des centaines d'études. Voici l'une d'elles représentant une femme aux mains jointes et posées devant elle. Déjà, le visage a pris l'ovale allongé, les grands yeux fixes et le nez fuselé caractéristiques de ces masques.

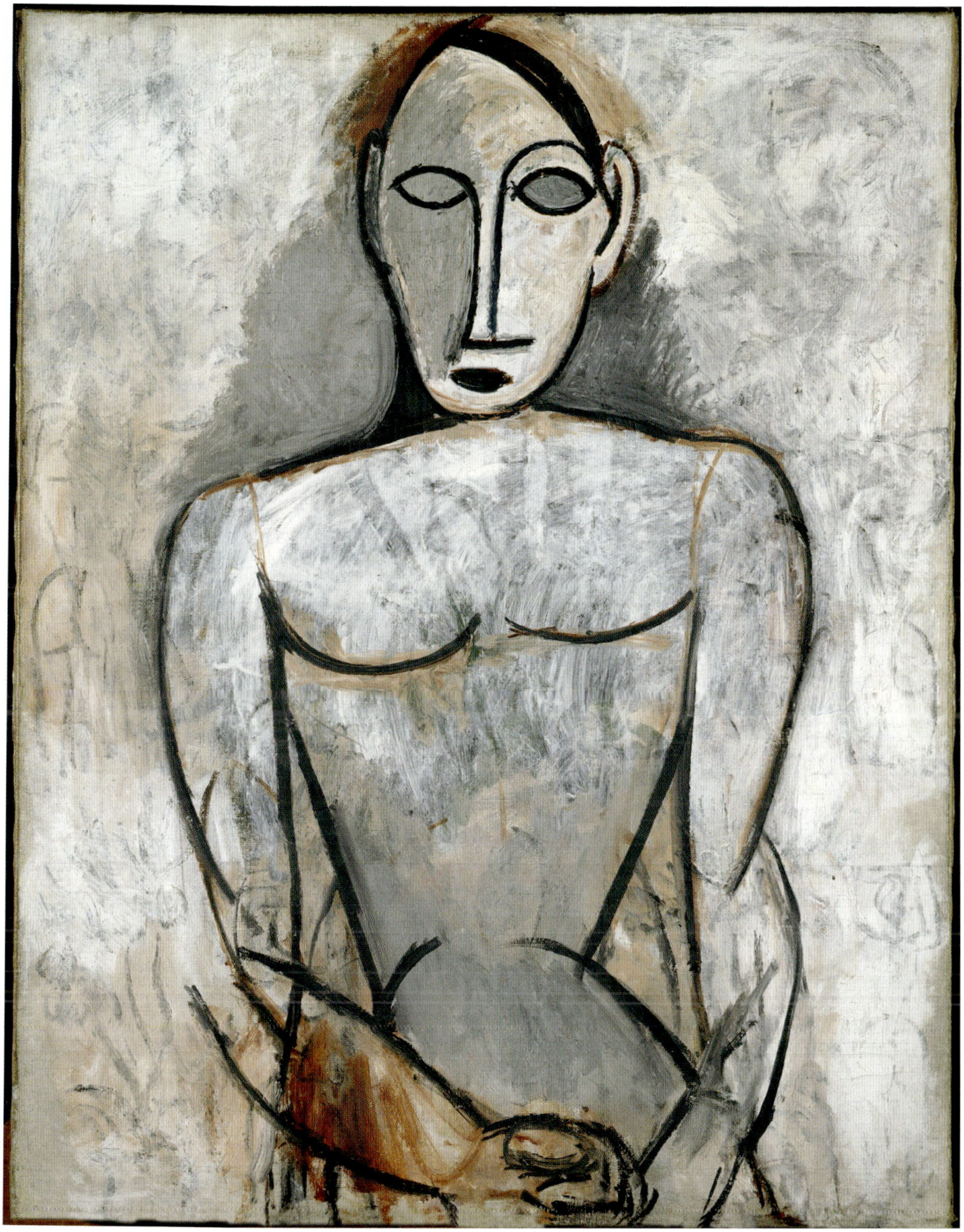

Femme aux mains jointes

1907, étude pour *Les Demoiselles d'Avignon*, huile sur toile,
90 x 71 cm, musée national Picasso, Paris.

Le Guitariste

DES CUBES POUR UNE RÉVOLUTION

Comment représenter *autrement* les choses, telles qu'elles sont vraiment ? En ce début du XXe siècle, Picasso et son ami le peintre Georges Braque vont inventer ensemble une nouvelle façon de peindre la réalité : en la figurant sous plusieurs angles à la fois. Un peu comme s'ils mettaient sur le même dessin ce qu'ils voient de profil, de face, du dessus et du dessous. Le peintre décompose la forme en une multitude de facettes géométriques, puis il les rassemble comme un jeu de cubes sur la toile. Appelé « cubisme », ce langage totalement nouveau va révolutionner la peinture moderne.

Les premiers tableaux cubistes sont peu colorés et peu compréhensibles, à l'image de ce *Guitariste*, peint en 1910. Difficile de voir vraiment un musicien ici ! Il semble « pulvérisé » en de nombreuses parties, certaines dans l'ombre, d'autres plus éclairées. Cependant, en regardant avec attention, on devine la tête du personnage, figurée par un cylindre en haut du tableau, la ligne des épaules, celle des bras ainsi que le manche de la guitare.

Pour la première fois depuis des siècles, l'artiste ne se préoccupe plus de la perspective. Il dessine ce qu'il sait et non plus simplement ce qu'il voit.

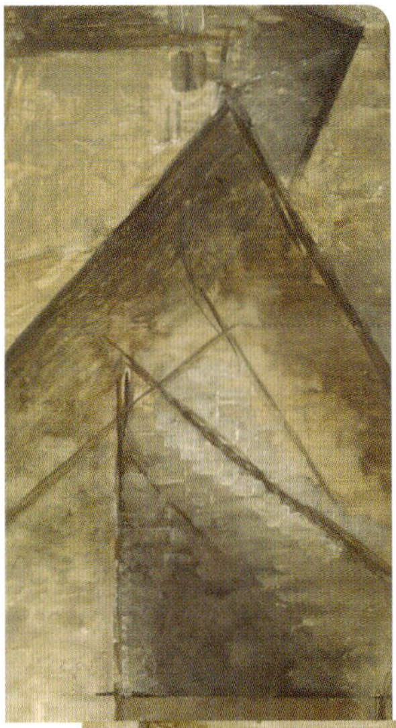

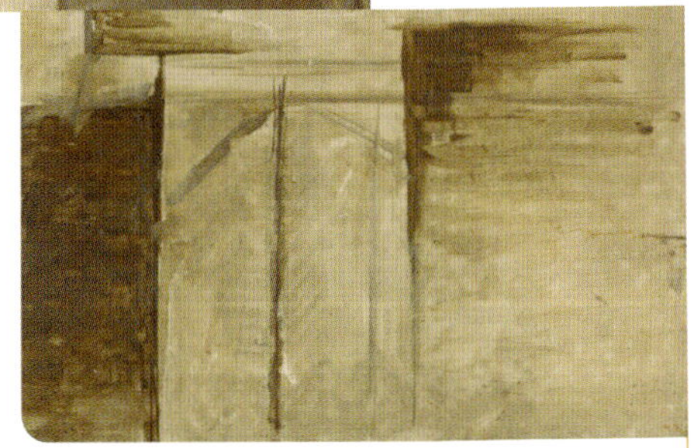

Quand on s'approche très près de la toile, on peut voir les dégradés de couleur qui marquent l'ombre et la lumière. Les lignes sont bien droites, bien raides, comme si Picasso avait utilisé une règle !

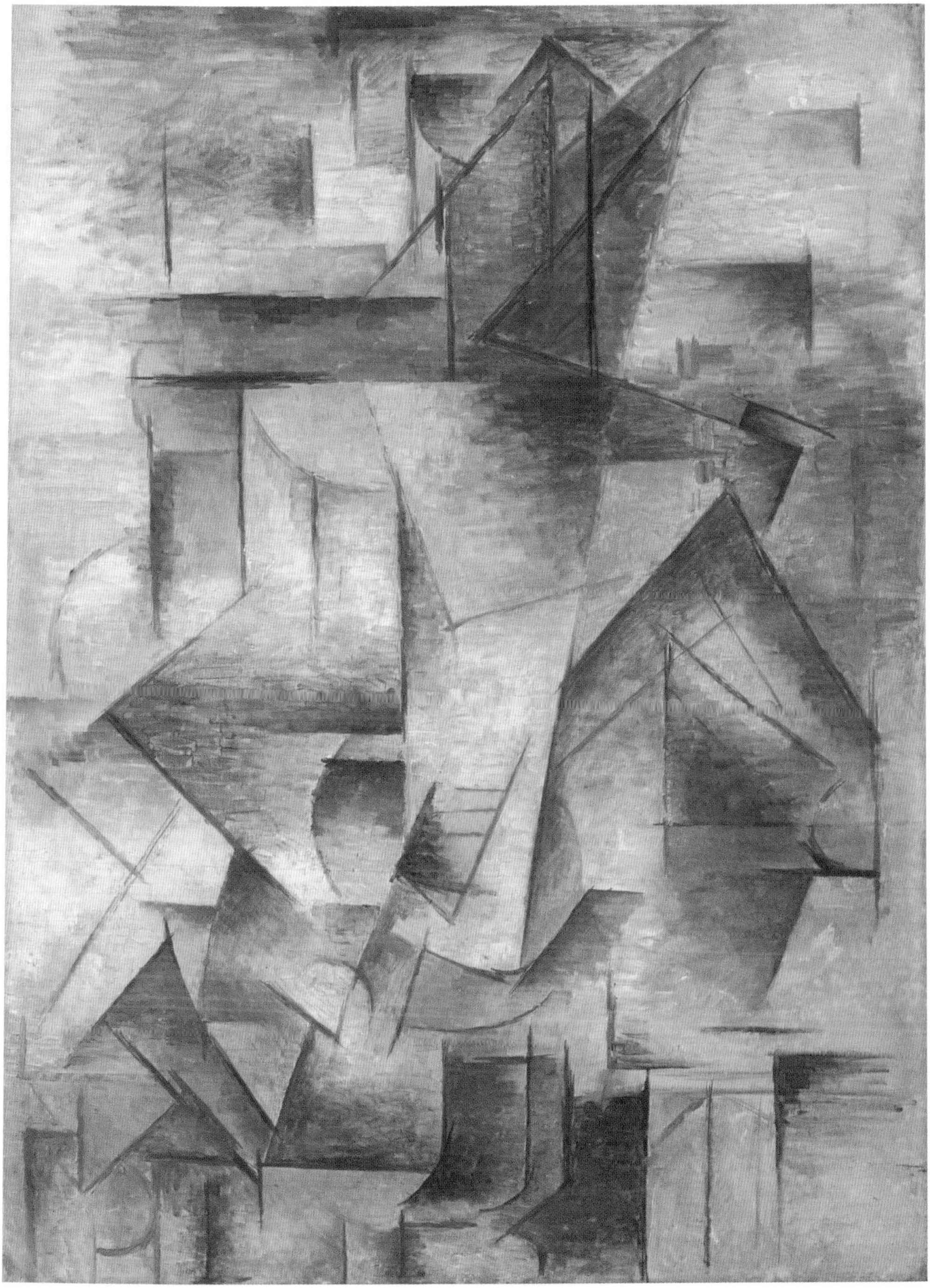

Le Guitariste

1910, huile sur toile, 100 x 73 cm, Centre Pompidou, Paris.

Bouteille de vieux marc et journal

PAPIERS COLLÉS

Voisins au Bateau-Lavoir, Picasso et Braque se voient beaucoup pour échanger et travailler. S'apercevant que leurs œuvres cubistes deviennent de plus en plus difficiles à comprendre, ils vont mettre des objets dans leurs toiles, un peu comme s'ils y ajoutaient des petits morceaux de réalité. Avec une grande liberté, les deux amis inventent, innovent.

À la suite de Braque, Picasso s'empare de la technique du papier collé. Dans ses collages, papiers peints ou papier de verre, paquets de tabac ou papier journal composent des natures mortes d'un genre vraiment nouveau. Celle-ci représente une table sur laquelle sont posés un journal et une bouteille. Mais Picasso s'amuse, il joue avec les limites du réel.

Que voit-on de la table ? Quelques arcs de cercle qui en tracent le contour et trois morceaux de papier peint qui évoquent la nappe qui la recouvre. Que voit-on de la bouteille ? Quelques traits verticaux, la forme en cylindre et une partie de l'étiquette. Mais une partie seulement : Picasso n'a écrit que le mot « VIEUX ». Du journal, on n'en sait pas tellement plus. Comme un rébus, trois lettres le désignent. À sa forme rectangulaire, on devine qu'il est plié. Picasso conduit notre regard et, progressivement, les objets se dévoilent.

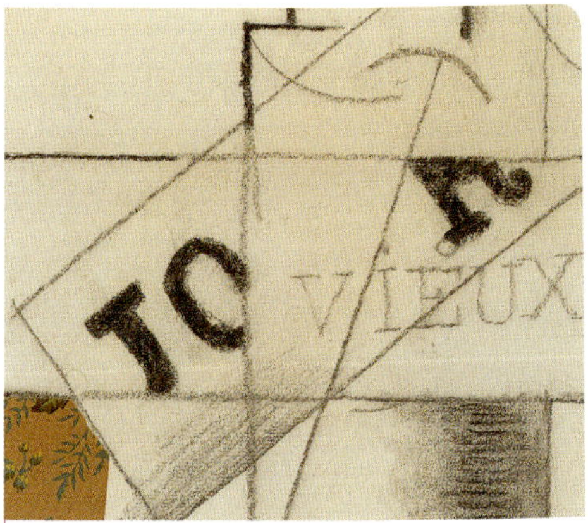

Si la fin du mot « journal » n'apparaît pas, il manque également le U au début. Picasso l'a fait disparaître derrière la bouteille. Il marque ainsi la disposition des objets sur la table : la bouteille est placée devant.

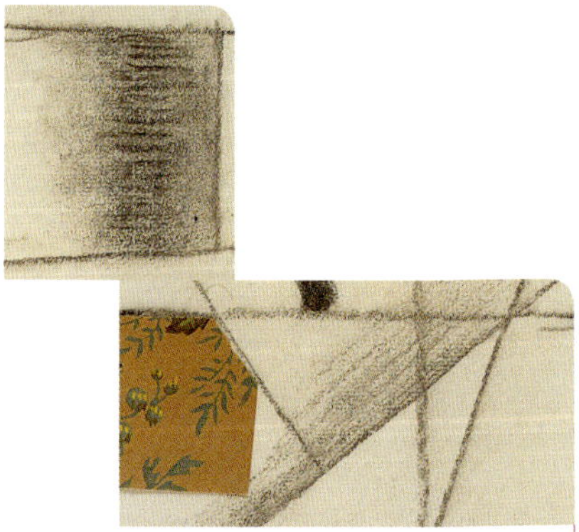

Pour donner de la profondeur à sa composition, Picasso marque des zones d'ombre avec son fusain. On peut les voir en bas de la bouteille, et le long de la pliure du journal.

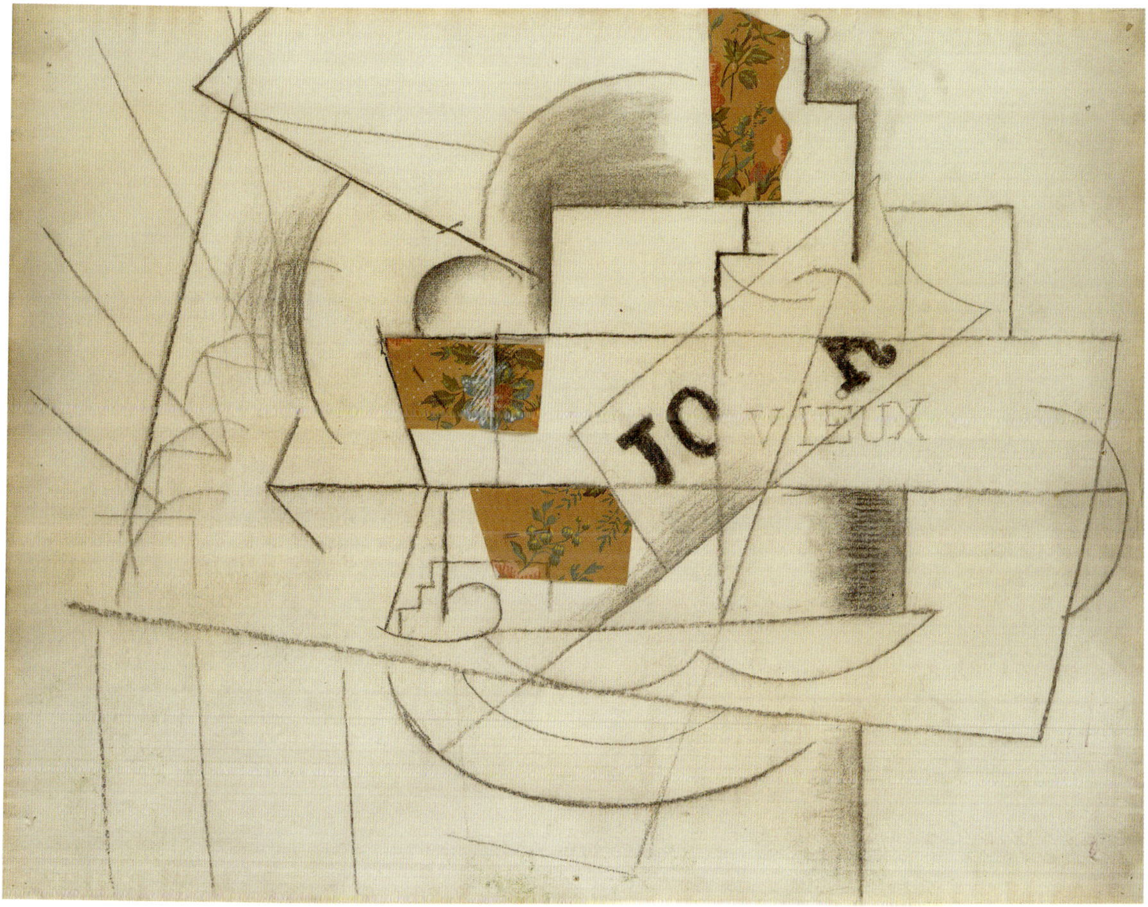

Bouteille de vieux marc et journal

1913, papier peint à motifs floraux découpé et épinglé, fusain,
rehauts de craie grasse blanche, 47,5 x 62 cm, musée national Picasso, Paris.

La Course

CLASSIQUE ?

En 1916, Picasso part à Rome avec la troupe des Ballets russes pour concevoir les décors, les costumes et le rideau de scène de leur prochain spectacle. Lors de ce séjour, Picasso se nourrit de nouvelles images. Il s'émerveille devant les danseurs dont il dessine les mouvements magnifiques, il contemple les chefs-d'œuvre de l'Antiquité et de la Renaissance italienne. Et il tombe amoureux d'Olga, jeune ballerine, qui deviendra sa première femme et la maman de son fils Paulo.

Picasso invente sa propre manière de peindre les figures antiques. Ce thème classique ne l'est plus vraiment sous le pinceau de Pablo ! Des femmes courent le long d'une plage, devant une mer aussi paisible et bleue que la Méditerranée. Elles sont comme des géantes aux formes lourdes et majestueuses à la fois. Libres, les cheveux au vent, elles semblent rapides malgré leur poids.

Les femmes sont drapées dans des tuniques à l'antique, comme des déesses monumentales.

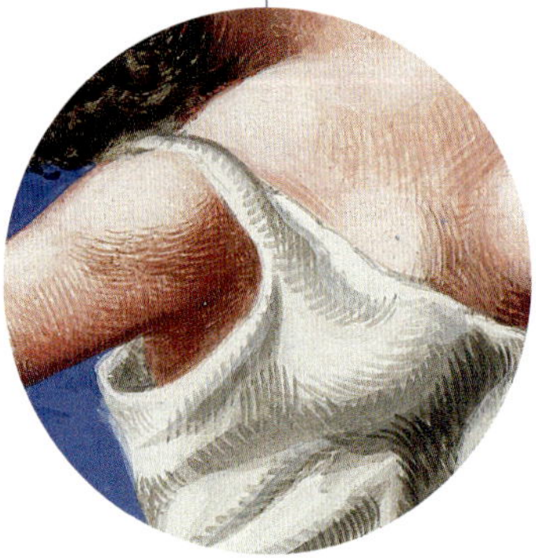

Le peintre a joué avec les proportions : bras et jambes sont déformés et allongés. C'est ainsi que Picasso marque le mouvement parcouru. Comme si, dans leur course folle, les deux femmes passaient devant nos yeux d'un côté à l'autre de la toile.

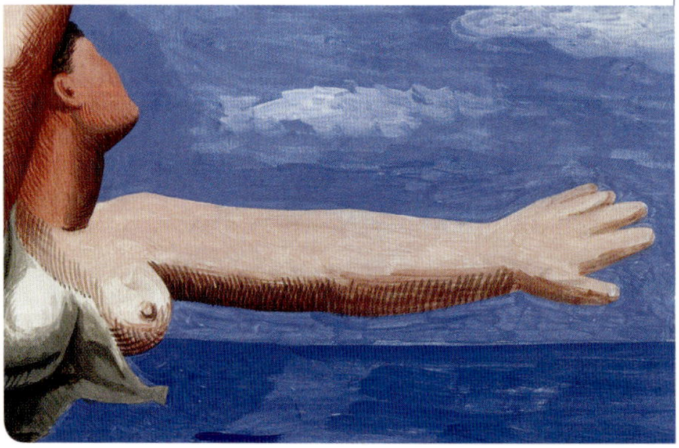

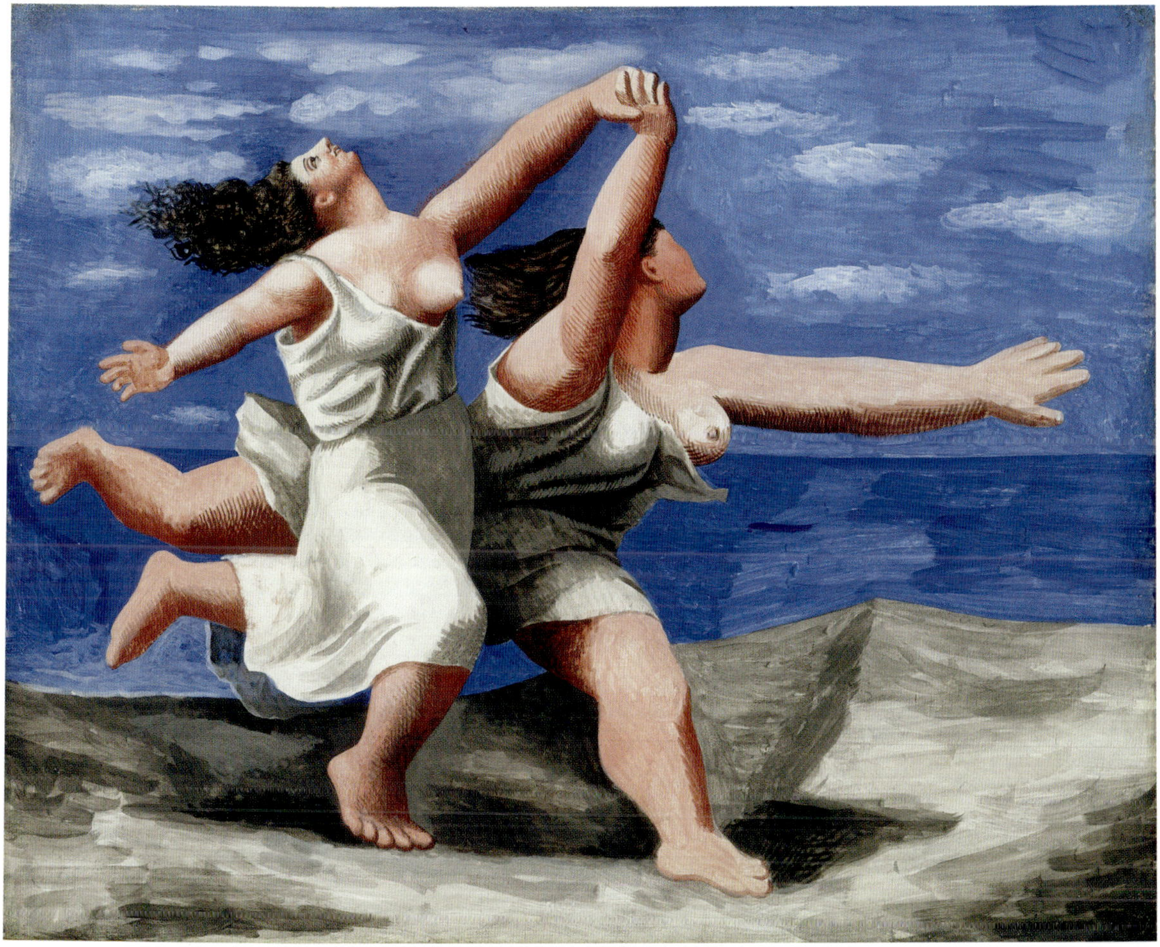

La Course

1922, gouache sur contreplaqué, 32,5 x 41,5 cm,
musée national Picasso, Paris.

Paul en Arlequin

PORTRAIT D'UN ENFANT SAGE

Avec la naissance de Paulo, Picasso découvre la paternité. Il peint et dessine des familles, des maternités et une série de portraits de son jeune fils. Sur ce tableau, Paulo a trois ans. Sérieux, les mains croisées sur ses genoux, il pose comme les enfants royaux peints par Goya ou Velázquez. Il est habillé d'un costume d'Arlequin qui rappelle les artistes de cirque et les saltimbanques qu'affectionne Picasso. Il est à peine assis sur une chaise massive de couleur sombre qui semble tenir en un fragile équilibre.

Pour attirer le regard, seul le visage poupin du jeune modèle est traité avec une précision tendre et douce. Des mèches de cheveux auburn s'échappent du chapeau et encadrent les yeux noirs et interrogateurs. Les joues sont délicatement modelées de rose et une touche de lumière vient éclairer l'arête du nez et le petit menton. Tout le reste est esquissé, comme inachevé : le fond est rapidement brossé et laisse transparaître la toile. La couleur est seulement posée sur le vêtement, les pieds de la chaise et ceux de l'enfant.

Comme les autres portraits de Paul, Picasso gardera cette œuvre intime et pleine de tendresse jusqu'à la fin de sa vie.

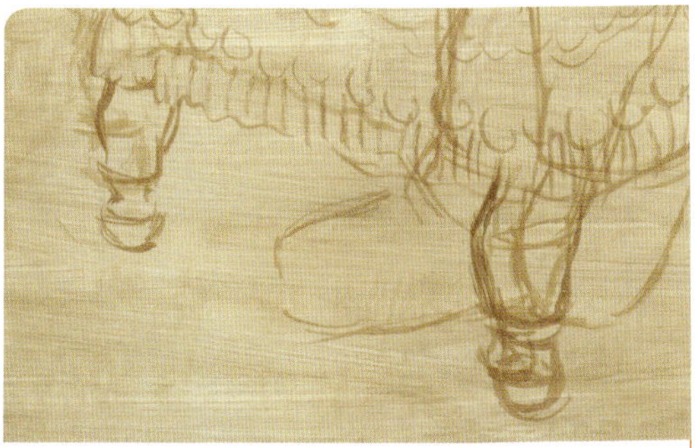

Picasso avait d'abord placé le pied droit de Paulo plus ouvert vers la gauche du tableau. Il a ensuite changé d'avis mais n'a pas effacé son esquisse d'origine. On la voit encore entre les deux pieds de la chaise.

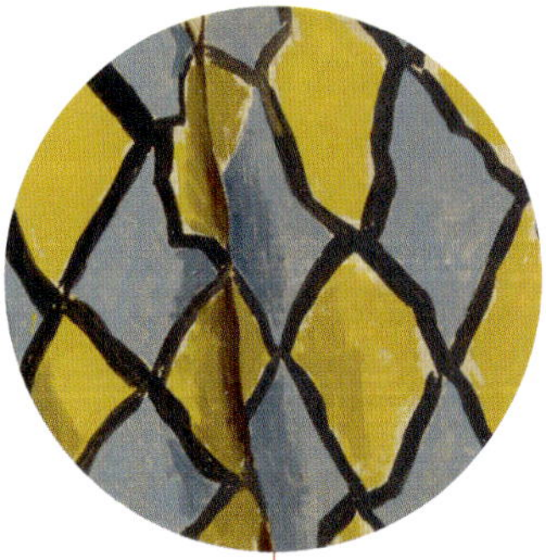

Les losanges bleus et jaunes du costume contiennent à eux seuls toute la couleur du tableau. Ils sont cernés par une ligne épaisse et irrégulière qui contraste avec la finesse des traits de l'enfant.

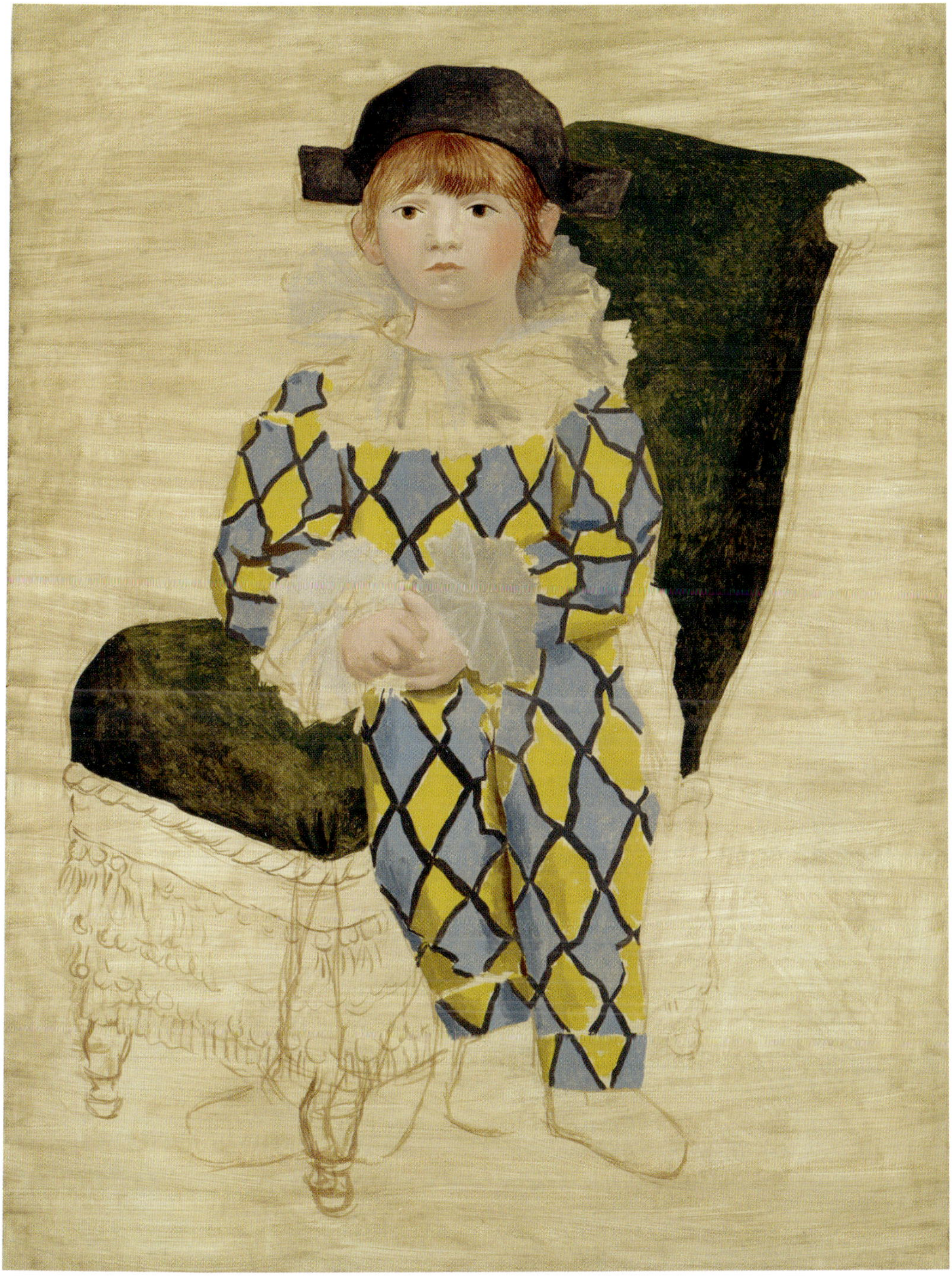

Paul en Arlequin

1924, huile sur toile, 130 x 97,5 cm, musée national Picasso, Paris.

Grande nature morte au guéridon

CORPS-MÉTAMORPHOSE

Et si un tableau cachait une déclaration d'amour ? Sur cette grande toile aux couleurs d'été, pleine de courbes et de rondeurs, Picasso a représenté un compotier blanc contenant trois fruits et une grande cruche jaune. Ils sont posés sur un guéridon à trois pieds, orange, blanc et vert. Mais cette image simple et joyeuse est aussi une allusion à une jeune fille blonde, Marie-Thérèse, dont Picasso est fou amoureux. C'est en 1927 qu'il la rencontre, non loin de la gare Saint-Lazare. Elle a 16 ans, il en a 30 de plus. Bientôt, cette femme-enfant occupe son cœur et ses peintures.

Les amoureux se cachent et, comme un jeu de piste, Picasso glisse d'abord dans ses œuvres les initiales de sa belle. Puis, il laisse exploser son amour dans toute une série de peintures où le corps de son amoureuse se déforme, se transforme, se métamorphose.

« En voilà une nature morte ! » disait-il malicieusement lorsqu'il montrait cette peinture à ses amis. Pourtant ici ce sont la vie et la passion qui explosent de haut en bas. Sous son pinceau, Marie-Thérèse devient une femme-fruit. Picasso s'amuse avec les formes. Il peint en « trompe-l'esprit » comme les peintres classiques peignaient parfois en trompe-l'œil.

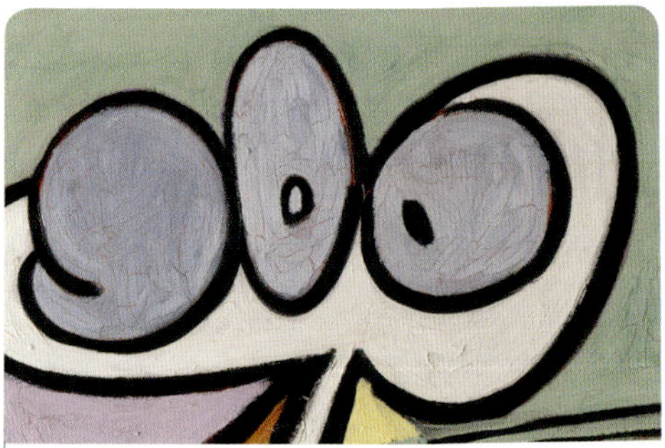

Les deux fruits bleus sont les yeux, posés près d'une pêche veloutée comme une joue.

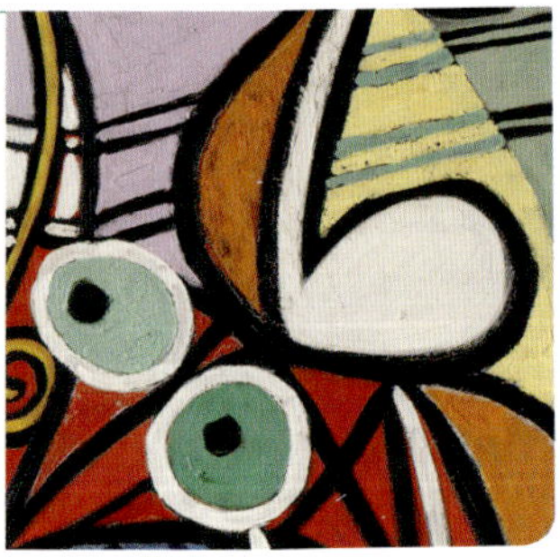

Le pied du compotier blanc forme le cou et l'épaule. Plus bas, les deux pommes figurent la poitrine.

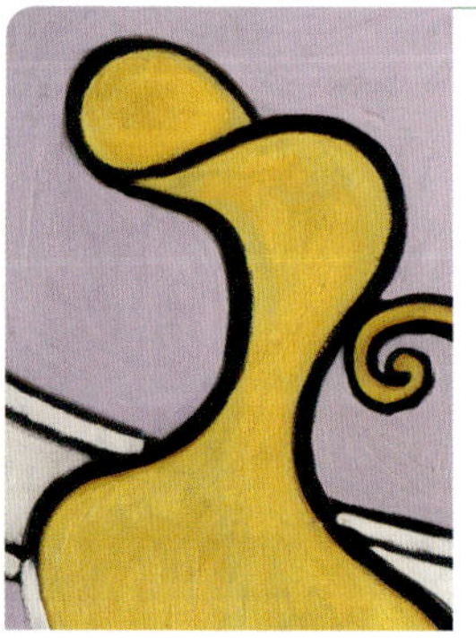

Le jaune intense de la cruche rappelle la chevelure d'or de la jeune fille.

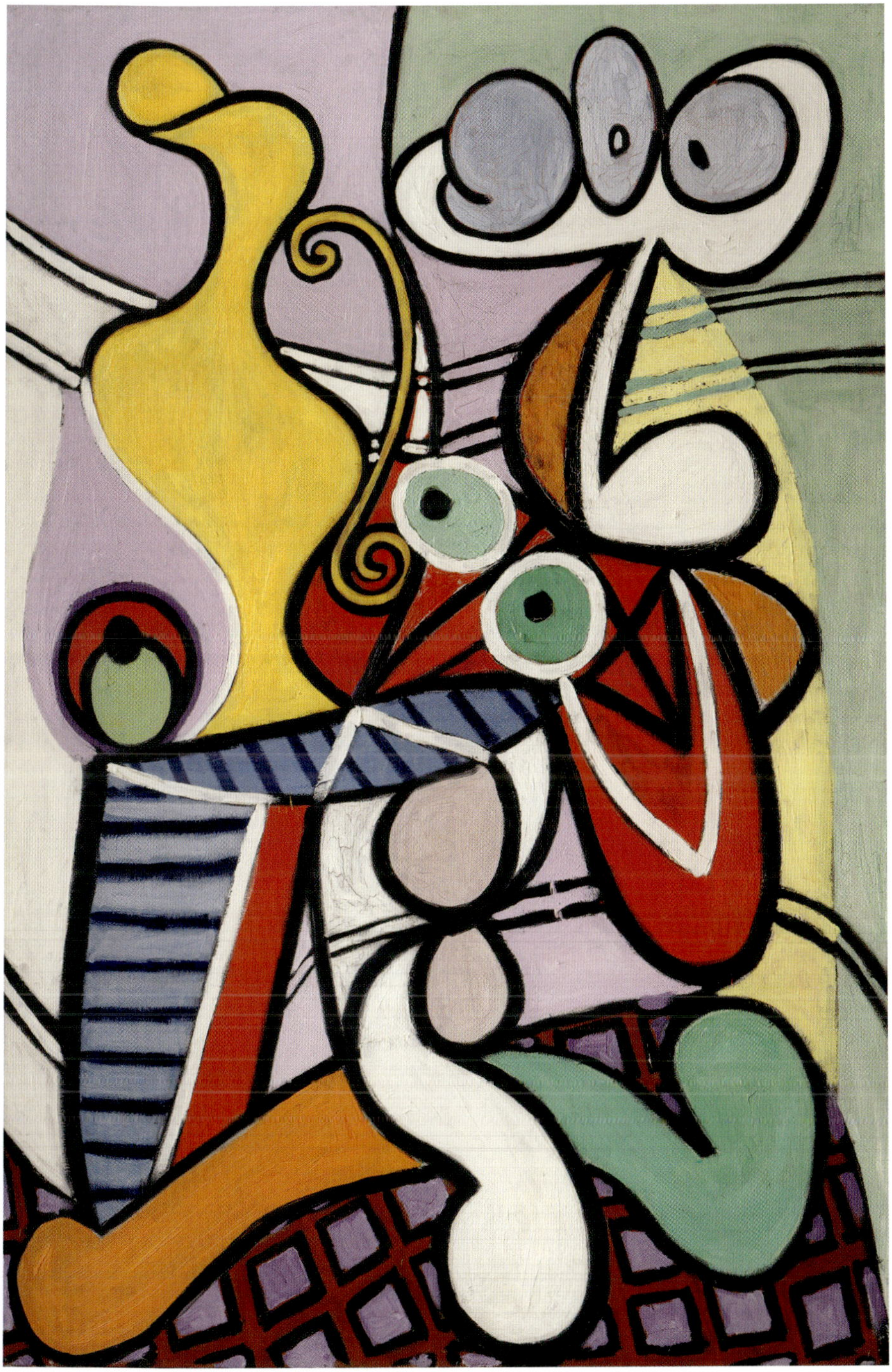

Grande nature morte au guéridon

1931, huile sur toile, 195 x 130,5 cm, musée national Picasso, Paris.

Portrait de Dora Maar

LES YEUX DE DORA

La vie et l'œuvre de Picasso sont rythmées par ses passions amoureuses. « Pour mon malheur et pour ma joie peut-être, je place les choses selon mes amours » confie Picasso à l'un de ses amis. En 1936, une nouvelle femme entre dans la vie du maître. Dora Maar est belle, intelligente et photographe. Aussi brune que Marie-Thérèse est blonde, elle est très élégante. Elle photographie longuement Picasso en train de peindre. Il en fait son nouveau modèle et le sujet d'un certain nombre de portraits.

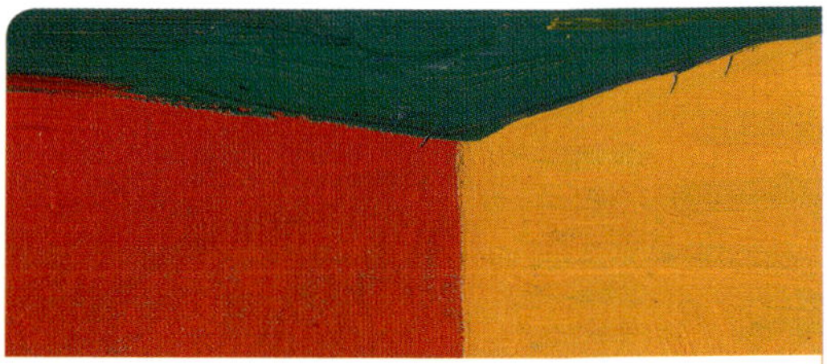

Le fond du tableau est structuré en trois zones de couleurs vives. On dirait ainsi que Dora est enfermée dans une boîte !

On reconnaît Dora à ses cheveux noirs, à ses yeux vifs bordés de longs cils, à ses mains fines aux ongles peints. Dans ce tableau, son visage est représenté en même temps de face et de profil. Un détail qui symbolise pour beaucoup le style de Picasso. Cela semble bizarre et pourtant le peintre ne veut pas enlaidir la jeune femme. Il veut simplement en représenter la réalité tout entière. Auparavant, les peintres avaient recours au miroir pour montrer un modèle sous différents points de vue. Picasso, lui, met sur sa toile tous les côtés du visage de son amoureuse et tout ce qu'il sait de sa personnalité.

Picasso a souvent représenté Dora, le visage appuyé sur sa main, en train de penser, de réfléchir. Cette femme à la forte personnalité est en effet une intellectuelle, engagée politiquement, qui fréquente les poètes et les écrivains. Son influence sur le peintre a été importante.

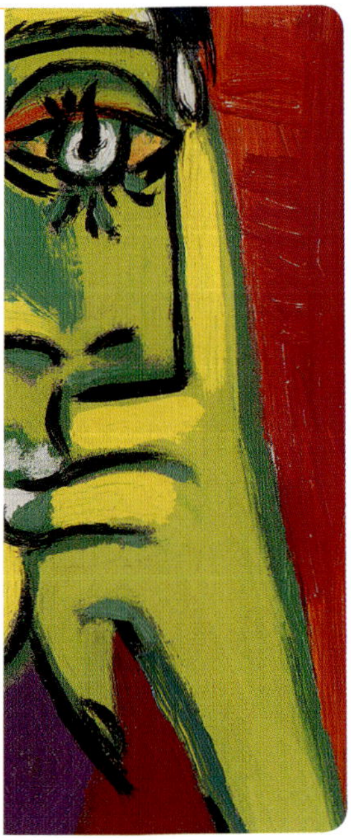

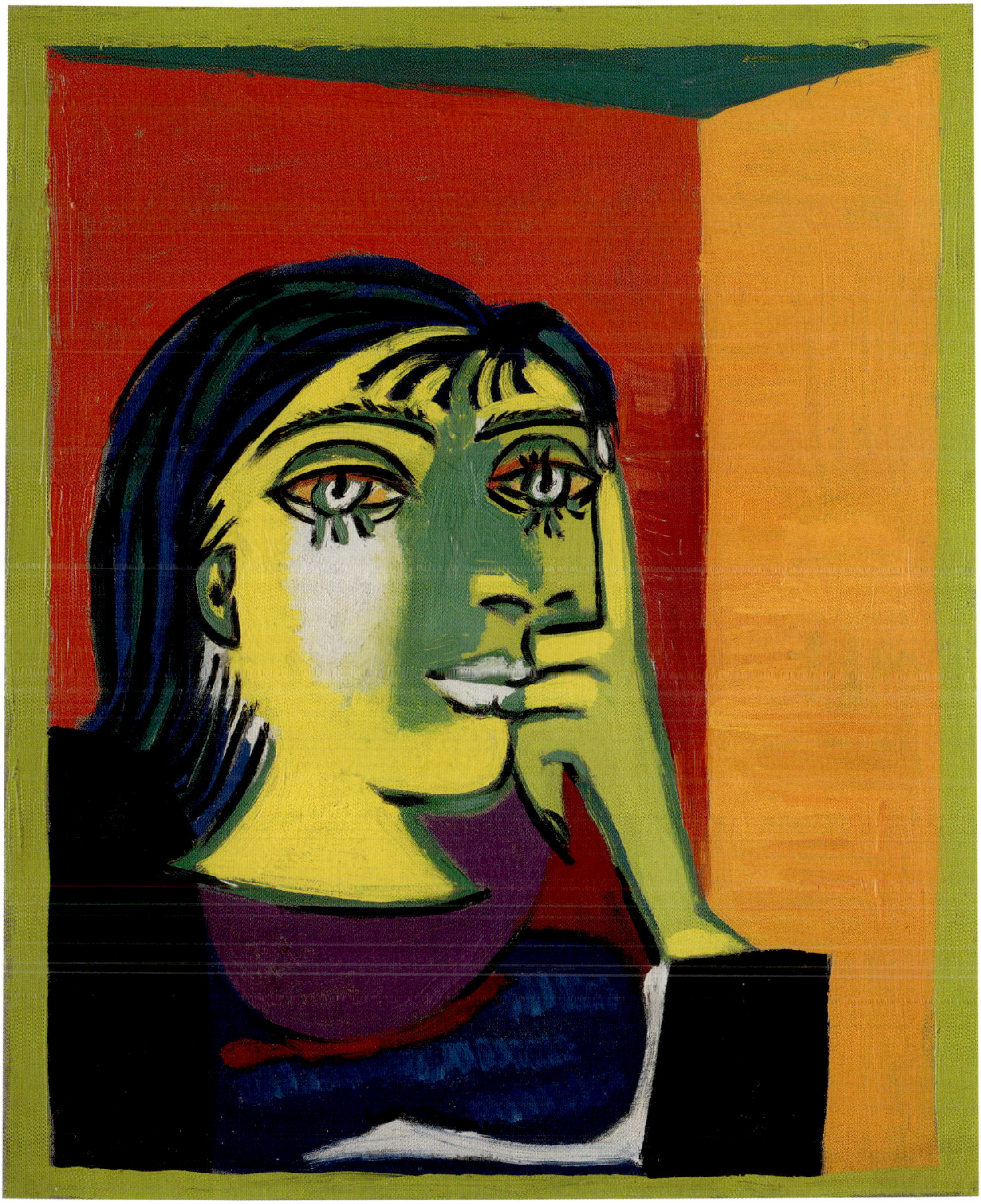

Portrait de Dora Maar

1937, huile sur toile, 55,3 x 46,3 cm,
musée national Picasso, Paris.

Guernica

LES COULEURS DE LA GUERRE

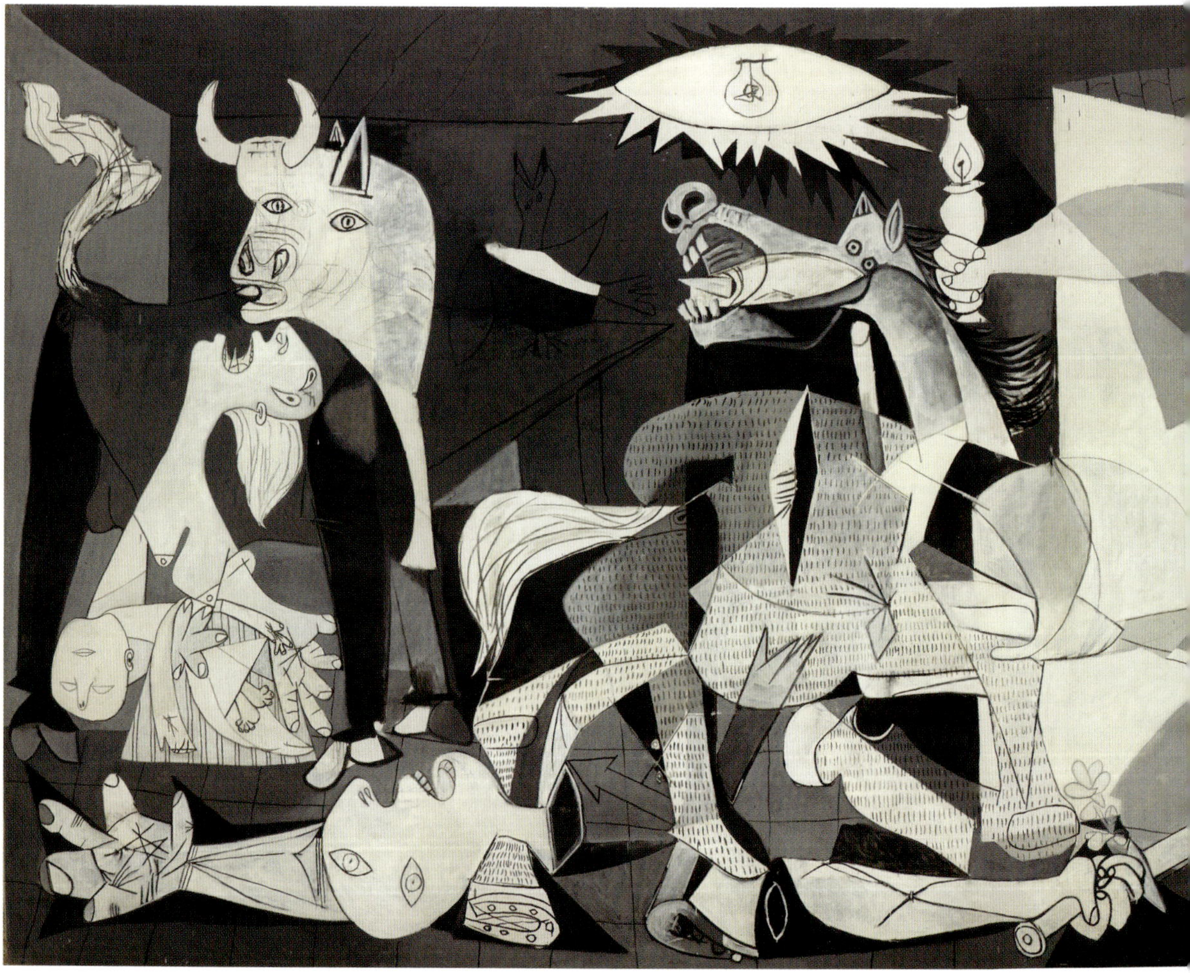

C'est en noir et blanc que Picasso raconte la violence de la guerre, sur une immense toile de près de 8 mètres de long. En 1937, un conflit civil fait rage en Espagne, opposant les Républicains aux partisans du général Franco, soutenu par l'Allemagne de Hitler. Le 26 avril, à Guernica, une ville basque tenue par les Républicains, c'est le jour du marché. Il y a du monde dehors. Soudain, des avions allemands surgissent. Durant trois heures, ils bombardent la ville, faisant des centaines de morts et de blessés. Indigné, bouleversé, Picasso compose ce grand tableau en quelques semaines. Le résultat est saisissant.

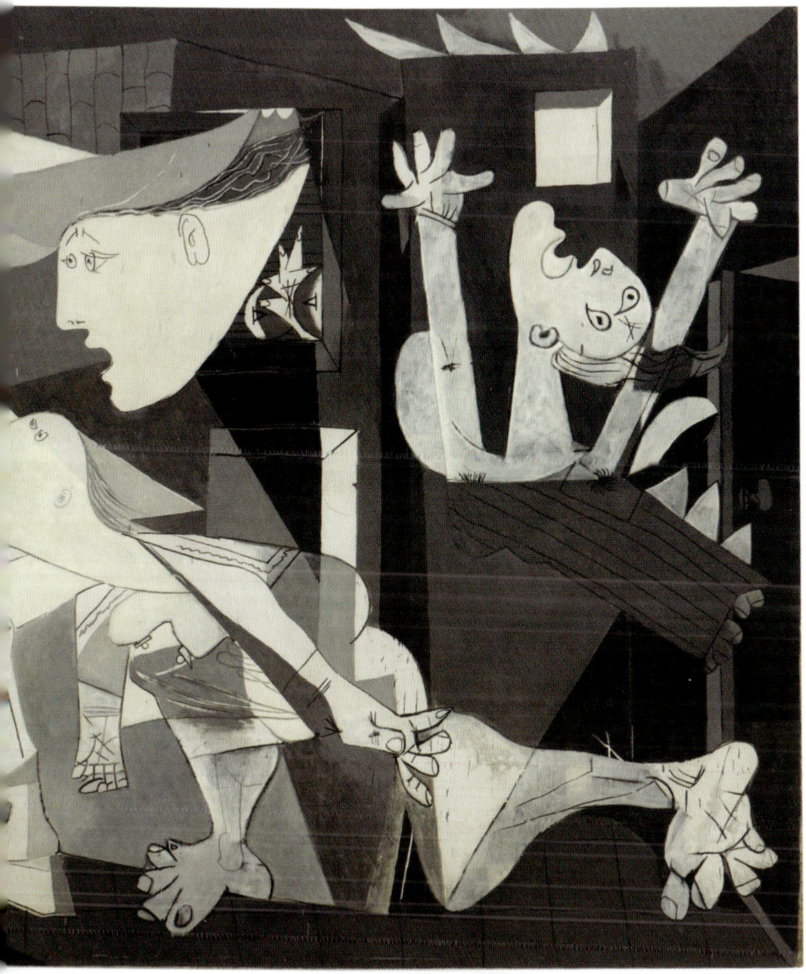

Guernica

1937, huile sur toile,
349,3 x 776,6 cm, Museo Nacional
Centro de Arte Reina Sofía, Madrid.

La peinture tout entière est un cri déchirant que l'on pourrait presque entendre. Les personnages, qui éclatent en blanc, semblent saisis d'horreur. La bouche béante, ils hurlent leur terreur. Le peintre veut montrer que désormais, avec la guerre moderne, plus personne n'est à l'abri de la destruction. Trois ans plus tard, la Seconde Guerre mondiale lui donnera raison. Comme l'écrit alors le critique d'art Michel Leiris: «Picasso nous envoie notre lettre de deuil: tout ce que nous aimons va mourir.» Picasso n'ira plus jamais en Espagne. Mais il a voulu que, après sa mort, le tableau retourne dans son pays. *Guernica* est devenu une image universelle, symbole de l'horreur de toutes les guerres.

Guernica

Comme soufflé par une explosion, tout ici a volé en éclats. Le cubisme de Picasso et sa façon de représenter les choses en les fragmentant évoquent le chaos provoqué par le bombardement.

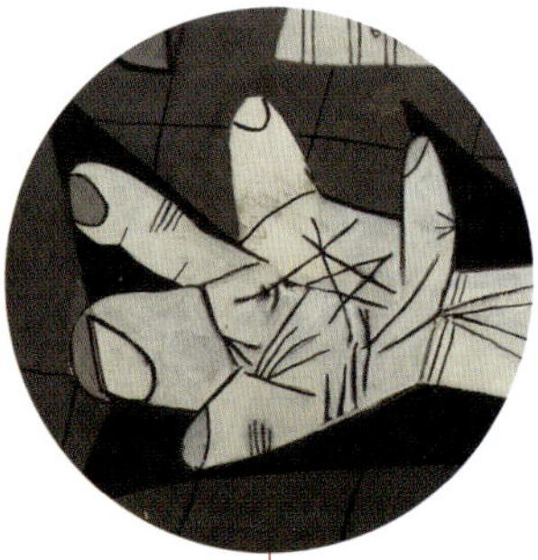

Pour dire la souffrance des corps, Picasso les déforme. Il peint des mains énormes aux doigts écartés, des yeux en forme de larmes, des langues aiguisées comme des poignards.

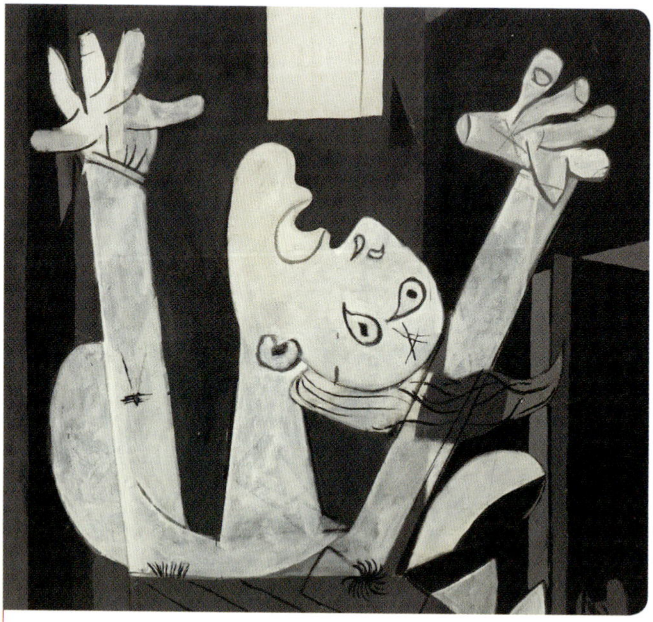

Ici, une femme prisonnière des flammes appelle à l'aide, les deux bras tendus vers le ciel. Juste devant elle, une autre erre, traînant sa jambe blessée. Peut-être cherche-t-elle un proche parmi les décombres ?

Il y a cependant une toute petite note d'espoir au milieu du carnage. Au centre de la toile, dans le glaive brisé du guerrier, une fleur pousse malgré tout, fine et fragile...

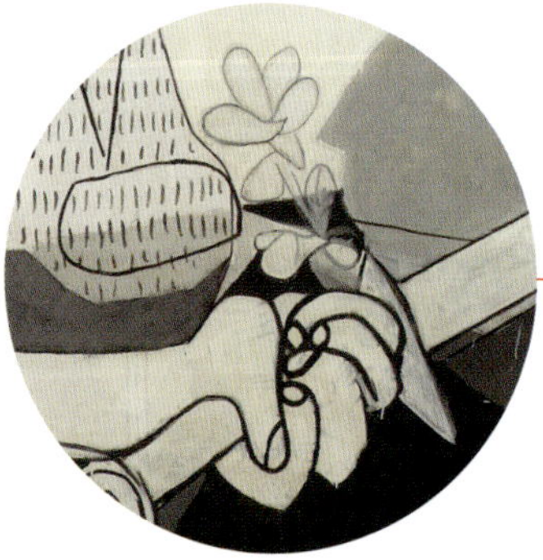

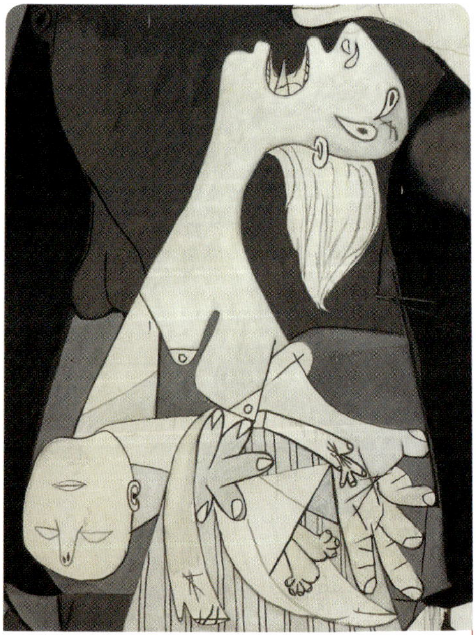

Plus loin, sous le regard indifférent d'un taureau, une mère hurle sa douleur, tenant dans les bras son enfant mort. Celui-ci est le seul élément immobile du tableau.

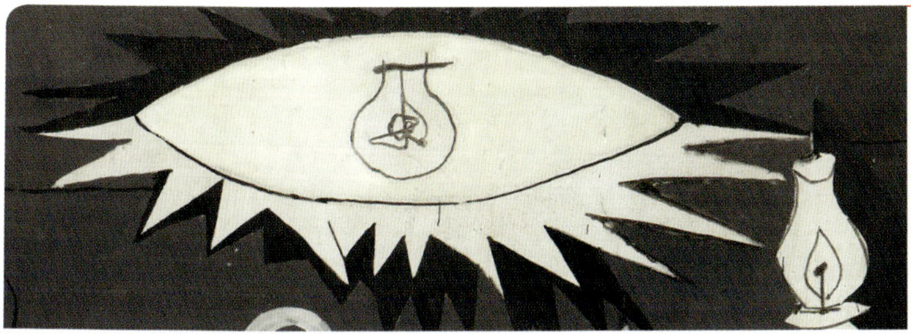

Au plafond, une ampoule électrique projette sur la scène des rayons aussi pointus et coupants que des lames de couteau. Mais une autre lueur, plus douce cette fois, est apportée par une femme qui jaillit d'une fenêtre. Elle brandit sa lampe à bout de bras au-dessus de ce spectacle de désolation comme si elle voulait en montrer toute la vérité.

Au sol, un soldat gît, disloqué, les bras en croix. Son cri d'agonie se mêle au hennissement du cheval qui se tord au-dessus, le flanc transpercé par une lance.

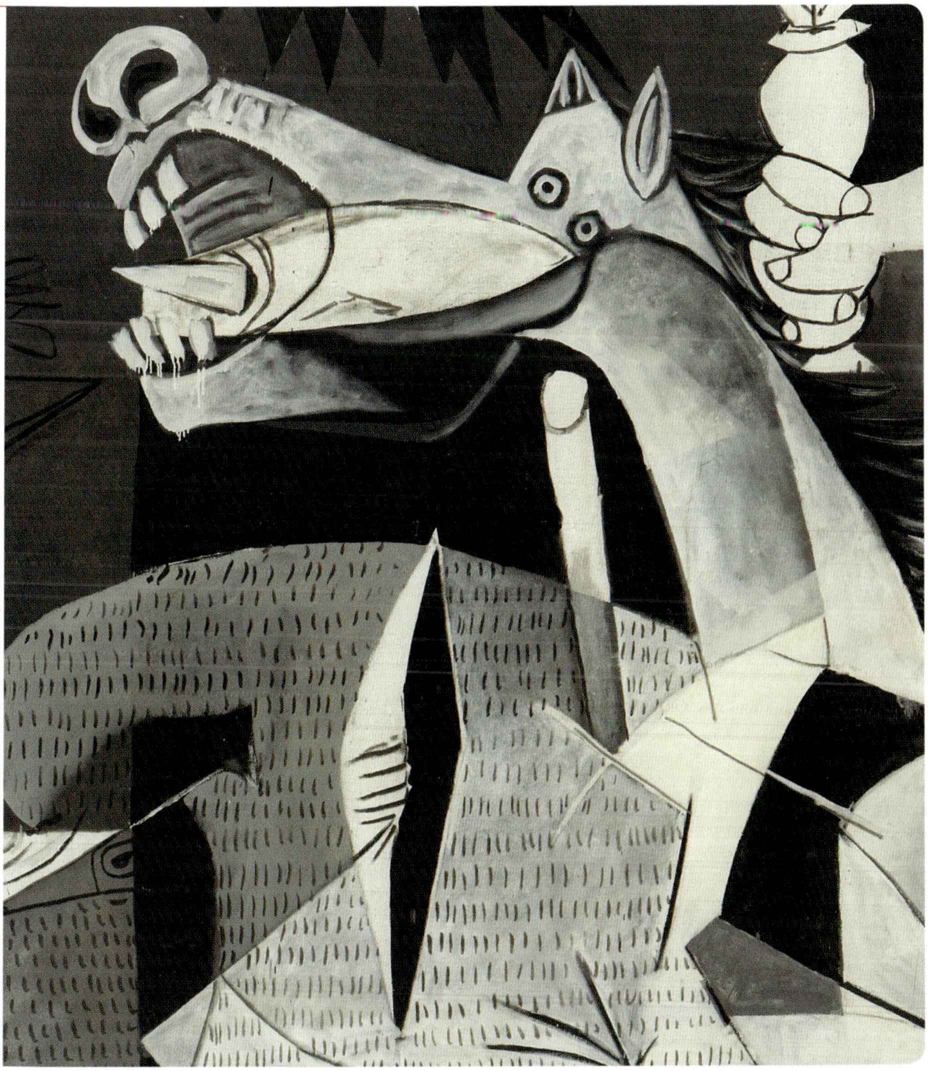

La Joie de vivre

LA MUSIQUE DU BONHEUR

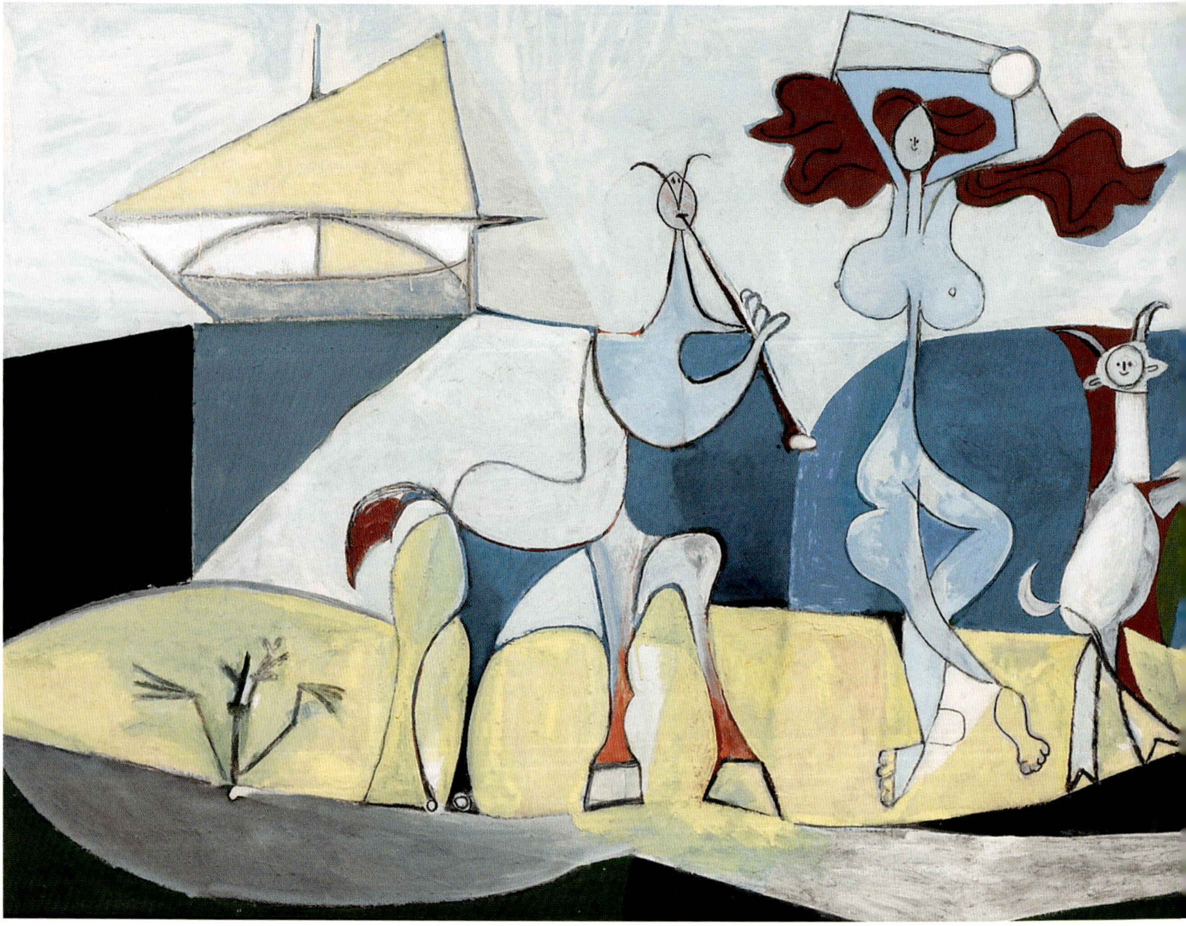

La paix est revenue. Picasso s'installe à Antibes, heureux d'y retrouver le soleil et la mer. Il est accompagné de son nouvel amour, Françoise, une belle jeune femme de 20 ans. Il installe son atelier dans le château-musée archéologique de la ville. Au milieu des antiquités, il peint *La Joie de vivre*, image de ce bonheur retrouvé.

Cette scène est composée comme un puzzle coloré : des personnages, face à nous comme sur une scène de théâtre, dansent en farandole sur une plage. Picasso reprend là une scène mythologique classique : la bacchanale, une fête en l'honneur de Bacchus, le dieu du Vin. Il réinterprète le tableau d'un peintre

La Joie de vivre

1946, peinture oléorésineuse sur fibrociment, 120 x 150 cm, musée Picasso, Antibes.

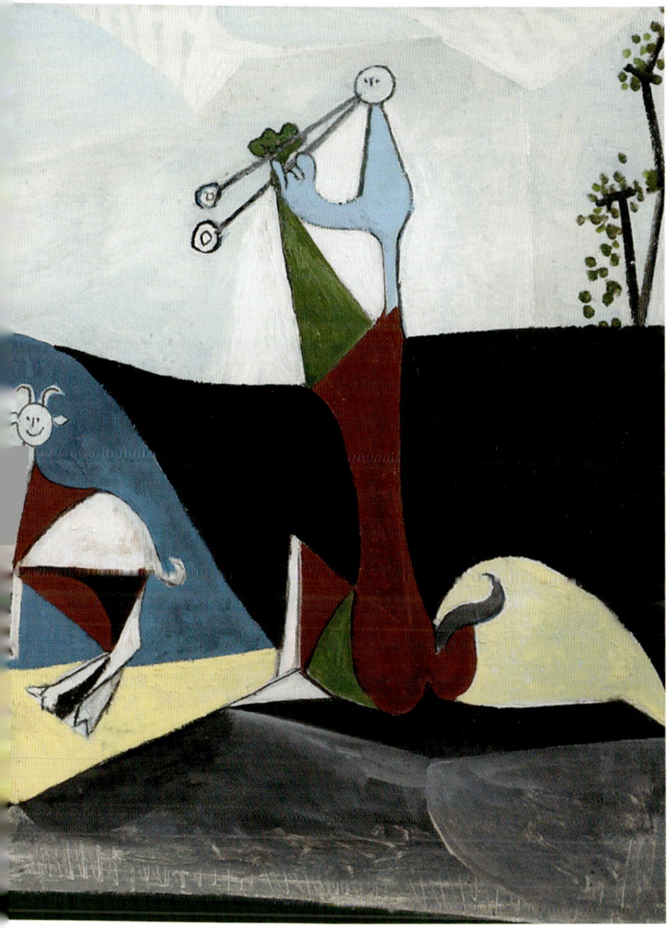

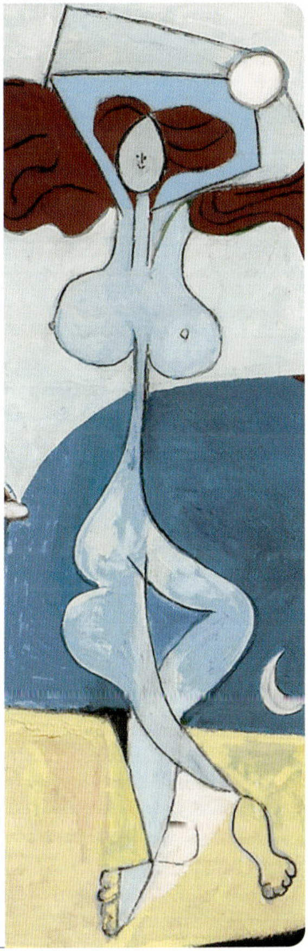

Au centre, une danseuse qui ressemble à Françoise frappe dans un tambourin. De son corps, on voit surtout la poitrine généreuse, la chevelure souple et les fesses aussi : on a l'impression qu'elle tourne sur elle-même, dans une joyeuse spirale.

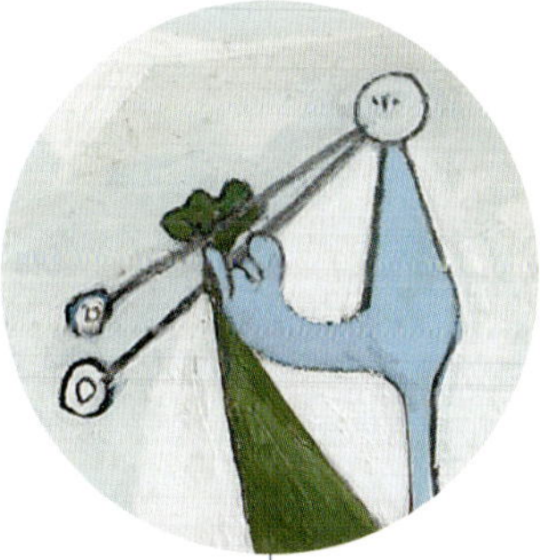

La danseuse est entourée de deux chèvres souriantes et de deux créatures mythologiques : des centaures, mi-hommes mi-chevaux. Celui-ci joue de la diaule, une flûte double de la Grèce antique.

du XVIIe siècle qu'il connaît bien : Nicolas Poussin.
La Joie de vivre **fait partie des œuvres que le peintre offre après son séjour dans la ville d'Antibes. L'année suivante, une salle Picasso est inaugurée dans le château qui deviendra en 1966 le premier musée consacré à un artiste de son vivant.**

Vase : femme à l’amphore

TERRE À MODELER

À 65 ans, Picasso découvre un nouveau métier : celui de potier ! Il emménage à Vallauris avec Françoise et Claude, le petit garçon qu’ils viennent d’avoir. Dans ce village proche d’Antibes, il découvre la céramique chez ses amis Suzanne et Georges Ramié. Picasso s’empare de cette nouvelle technique qu’il exploite avec ardeur. Il s’amuse à donner vie à des objets traditionnels : des vases, des pots, de la vaisselle... Il les peint comme de véritables tableaux, découvrant le jeu des couleurs qui changent dans le four, lors de la cuisson. Sur les plats, les coupes, les assiettes, il dessine des scènes de corridas, des décors animaliers, des scènes mythologiques. Très vite, avec cette terre à modeler, il invente ses propres volumes. C’est tout un monde de formes qui naît dans son atelier.

Entre ses mains, les pichets deviennent sculptures et se transforment en chouettes, les gourdes deviennent des insectes. Quant aux vases, ils se métamorphosent en femmes gracieuses comme des tanagras, ces petites statuettes antiques représentant des figures féminines. Picasso est passionné : en une vingtaine d’années, il va créer plus de 4 000 pièces !

Picasso modèle les objets quand la terre est encore molle. Puis, avec quelques coups de pinceaux, il habille ce pot. Pour figurer le visage, il suffit de deux petits points et deux petits traits.

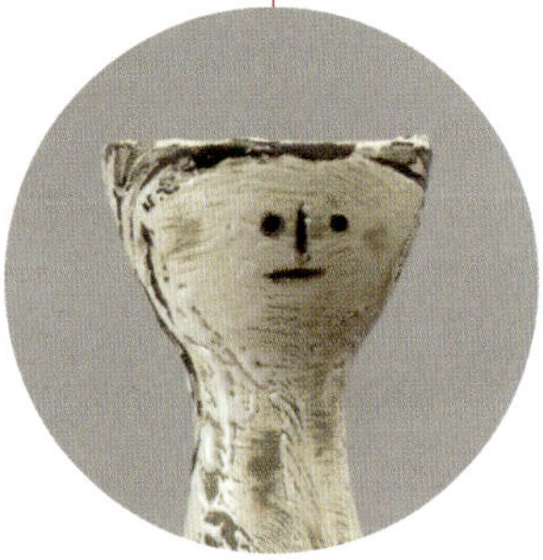

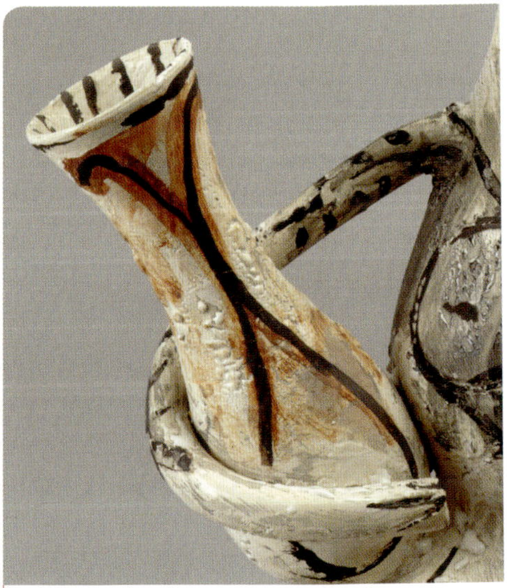

L’artiste a ajouté deux anses pour faire les bras et un vase miniature que la femme porte comme une amphore.

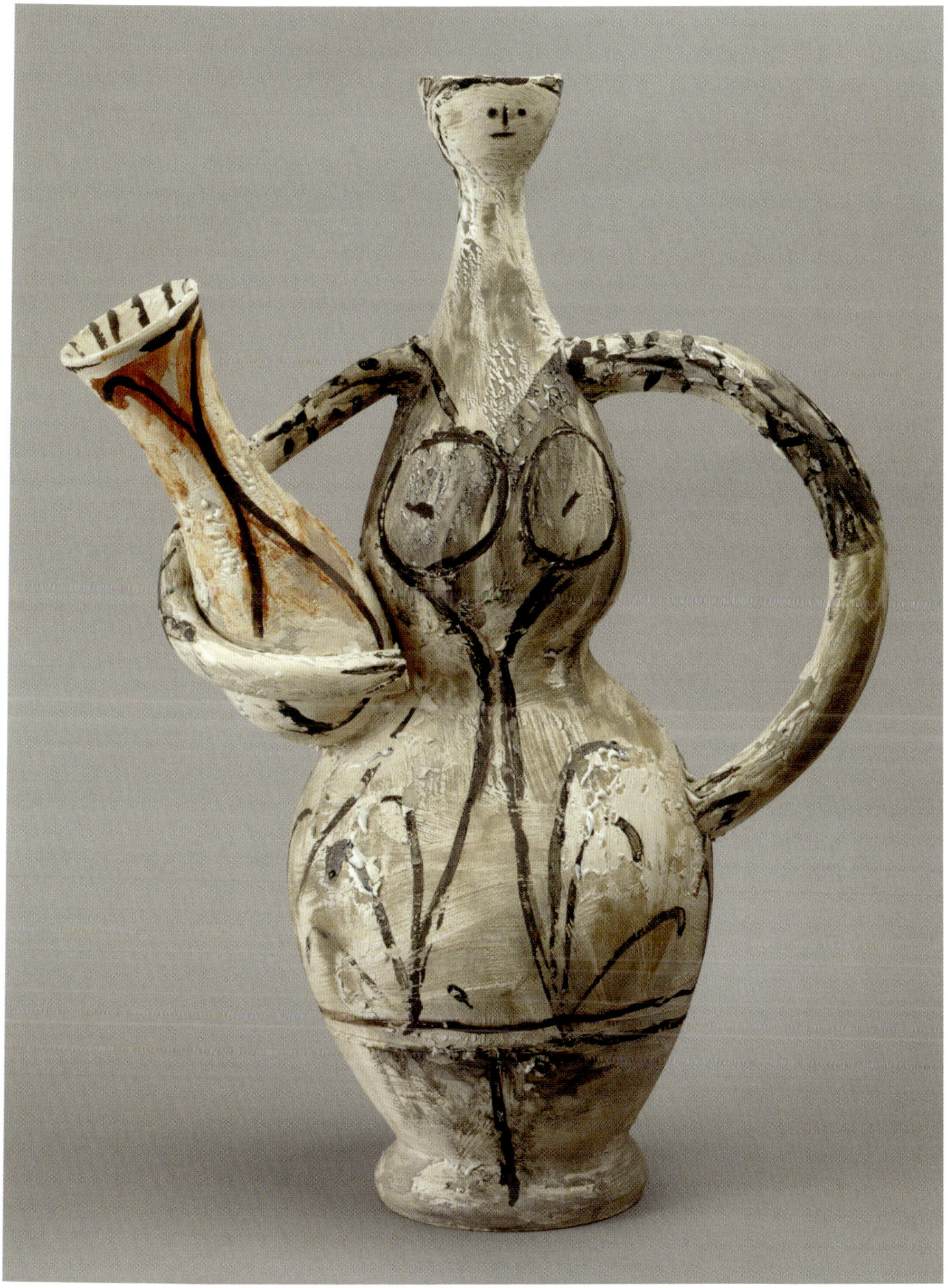

Vase : femme à l'amphore

1947-1948, céramique, 42,5 x 32,5 x 15,5 cm,
musée national Picasso, Paris.

Petite fille sautant à la corde

DRÔLE D'ASSEMBLAGE !

Picasso n'est pas seulement un peintre : c'est aussi un grand récupérateur d'objets. Curieux, il ramasse toute sorte de choses mises au rebut qu'il stocke ensuite dans ses ateliers. Clous, vieilles chaussures, ustensiles de cuisine, pots de fleurs, passoires, serpillères, anneaux de rideau… tout peut reprendre vie et composer de drôles d'assemblages. Grâce à eux, il construit des êtres humains, des animaux, avec une extraordinaire inventivité. Pour donner une unité à un assemblage, Picasso réalise un moule en plâtre ; puis il coule du bronze pour obtenir une sculpture uniforme.

Picasso rêvait d'une sculpture qui ne touche pas le sol. Ce sera cette petite fille. Elle est en appui sur sa corde à sauter, qui est en fait un tube métallique recourbé. La voici, accrochée dans les airs, les yeux fermés et les cheveux ondulant au vent. Regarde bien la fleur du jardin qui se dresse, à gauche, à ses pieds, c'est un moule à gâteau ! Transformés par Picasso, tous ces objets hétéroclites et oubliés deviennent des œuvres d'art.

D'une selle et d'un guidon, Picasso peut faire une tête de taureau. Une petite voiture peut devenir la figure d'une guenon. Reconnais-tu l'objet qui a servi à faire le corps de cette fillette ? C'est un vieux panier en osier !

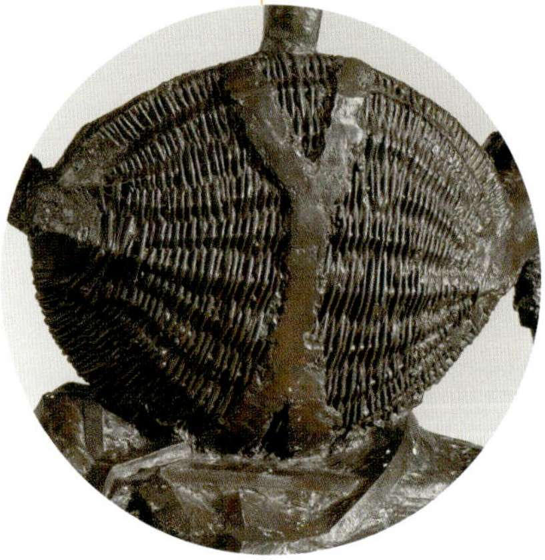

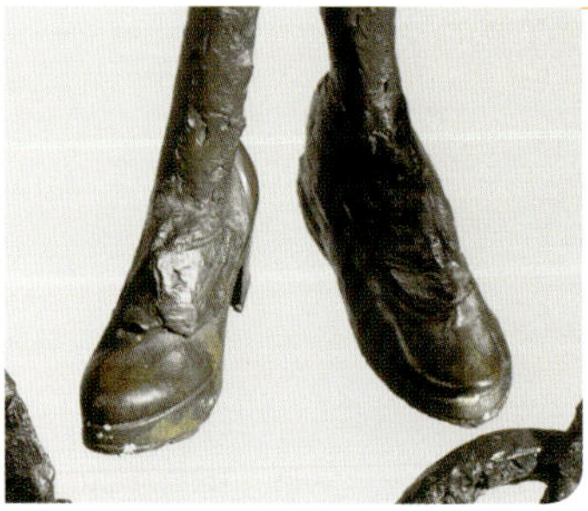

Ces chaussures sont de véritables escarpins récupérés. Pour accentuer le caractère enfantin du personnage, Picasso les a mises à l'envers comme si la petite fille s'était trompée de pied.

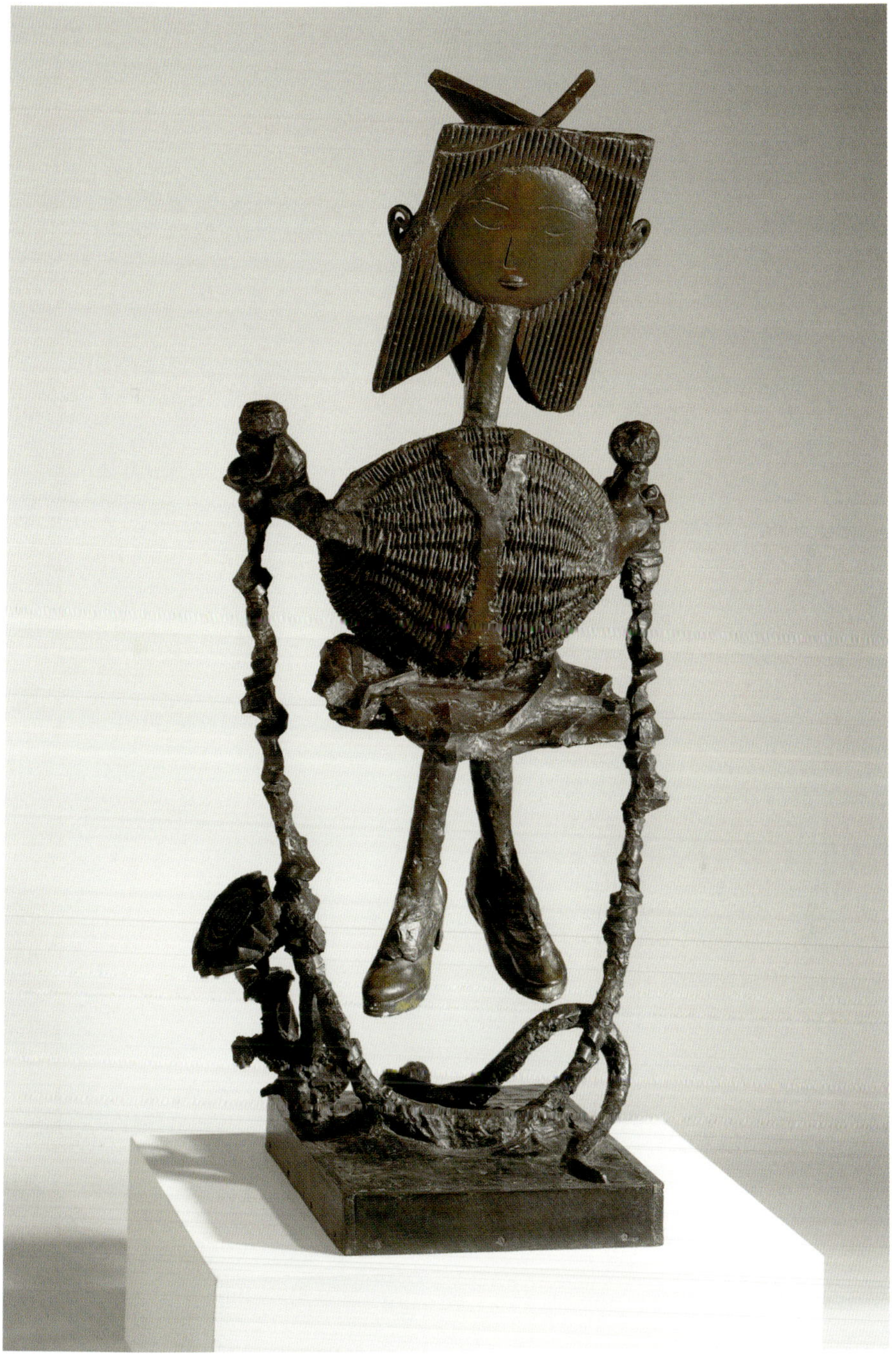

Petite fille sautant à la corde

1950, bronze d'après assemblage : charpente métal, osier, moule, céramique, plâtre, 153 x 62 x 65 cm, Centre Pompidou, Paris.

La Femme-fleur

QUAND UN PORTRAIT DEVIENT UNE FLEUR

« Il y a en vous l'élan d'une plante au printemps », dit un jour Picasso à Françoise, alors qu'elle vit avec lui depuis plusieurs mois. Comme un chant d'amour, le peintre exécute des centaines de portraits de sa bien-aimée. Et son style s'accorde avec la personnalité de son modèle. Un jour qu'elle pose pour lui, il la représente assise, puis il se reprend. Non, il lui faut faire autre chose pour la personnifier vraiment et la rendre unique. Alors, il allonge les lignes de son corps : les jambes, le torse ne forment plus qu'une longue tige, plantée dans une terre aussi rouge que la passion. Picasso est satisfait : « Maintenant, c'est votre portrait. » Dans l'œuvre du maître, Françoise est désormais la femme-fleur.

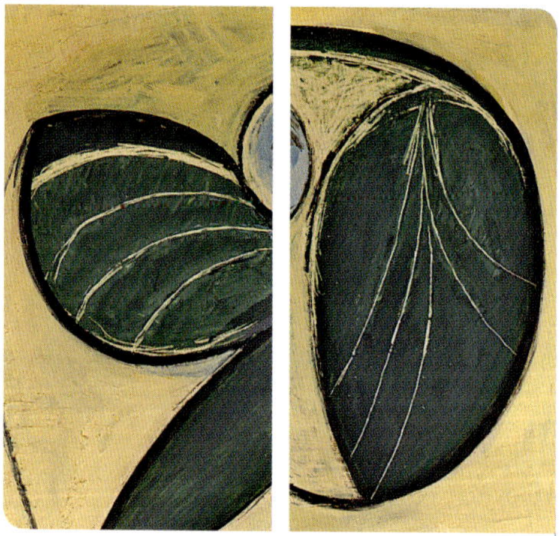

La chevelure opulente et bouclée de Françoise se transforme en larges feuilles vertes. Elles dessinent une couronne autour du visage qui ressemble à une pleine lune.

Simplifiés à l'extrême, on reconnaît pourtant dans ce visage les traits caractéristiques de Françoise : le grain de beauté sous l'œil gauche et le sourcil droit en accent circonflexe.

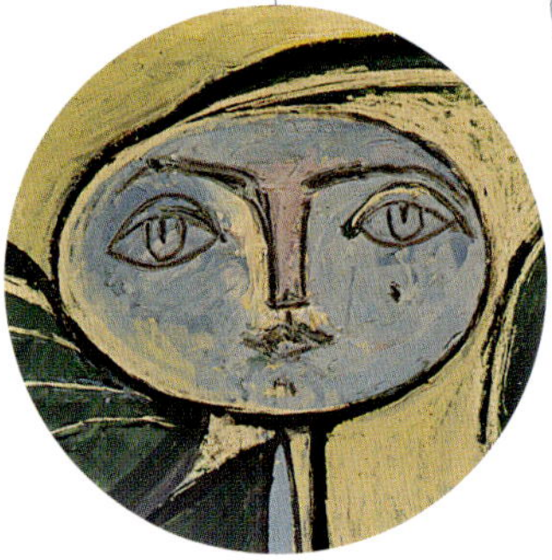

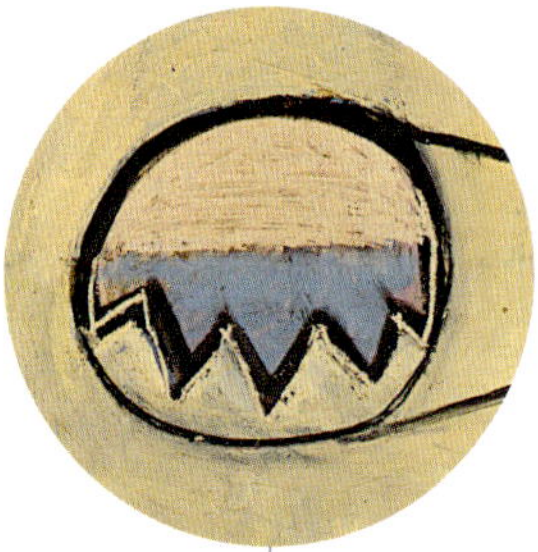

Dans la main de cette femme-fleur, Picasso dessine une sphère. Il dit à Françoise : « Vous voyez, une femme tient le monde, ciel et terre, dans sa main. »

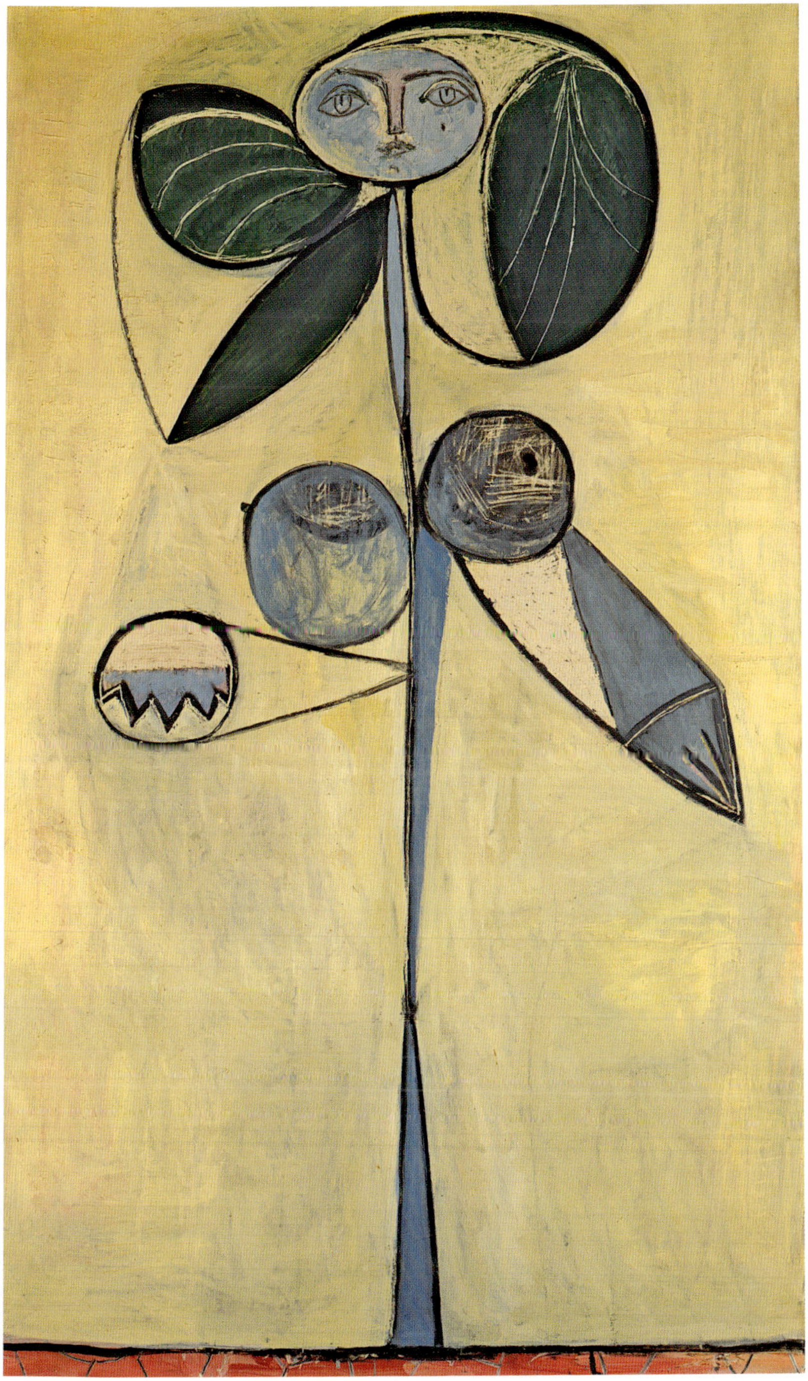

La Femme-fleur

1946, huile sur toile, 146 x 89 cm, collection particulière.

Les Jeux (Claude et Paloma)

VIE DE FAMILLE

Quand Claude naît, en 1947, Picasso a 66 ans. Deux ans plus tard, Françoise donne le jour à une fille : Paloma. Dans la lumière du sud, au bord de la mer, Picasso prend goût à cette intimité familiale. Il aime la façon dont les plus jeunes voient le monde, lui qui affirme qu'il lui a fallu « toute une vie pour peindre comme un enfant ».

Ça l'amuse de les laisser entrer dans son atelier, toucher à ses pinceaux, se barbouiller de peinture ou gribouiller sur ses carnets. Il en fait des portraits joufflus en quelques traits, il les croque sur le vif, dessinant sagement ou faisant rouler un camion. Ou encore comme ici, jouant tous les deux. Mais Françoise n'est pas là. Déjà leur couple bat de l'aile. Peintre elle aussi, indépendante, elle peine à supporter le caractère parfois tyrannique et les infidélités de Picasso. Elle le quitte en 1953, le laissant dans un profond désarroi.

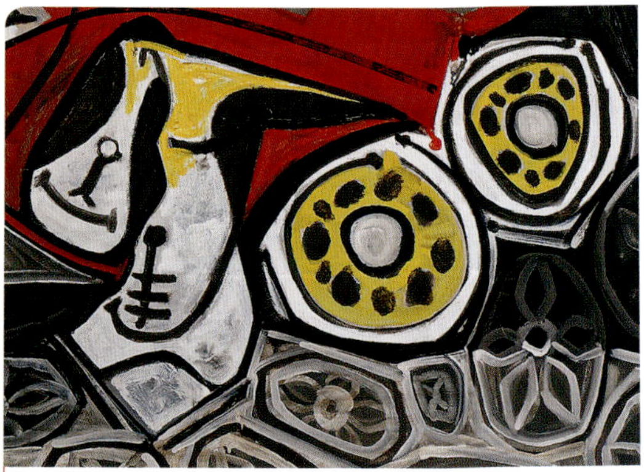

Claude est assis dans une petite voiture d'enfant. Il la fait avancer en poussant sur ses pieds qui dépassent en dessous.

On ne voit pas bien Paloma. Encore petite, les cheveux bien peignés et habillée de bleu, elle se hisse sur un siège à côté de son frère, les joues rougies par l'effort.

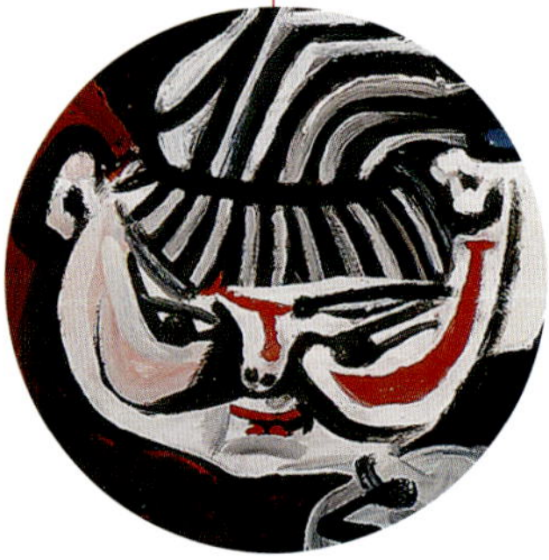

Claude est à la fois de face et de profil, tourné vers nous et en même temps vers l'avant de sa voiture. On devine ainsi que l'enfant ne tient pas en place, tout occupé à jouer.

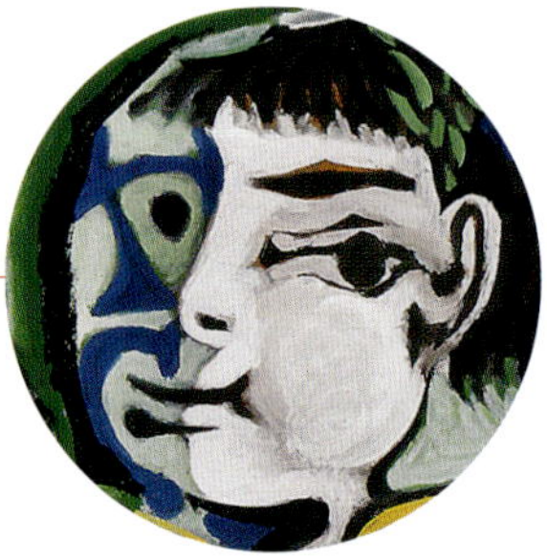

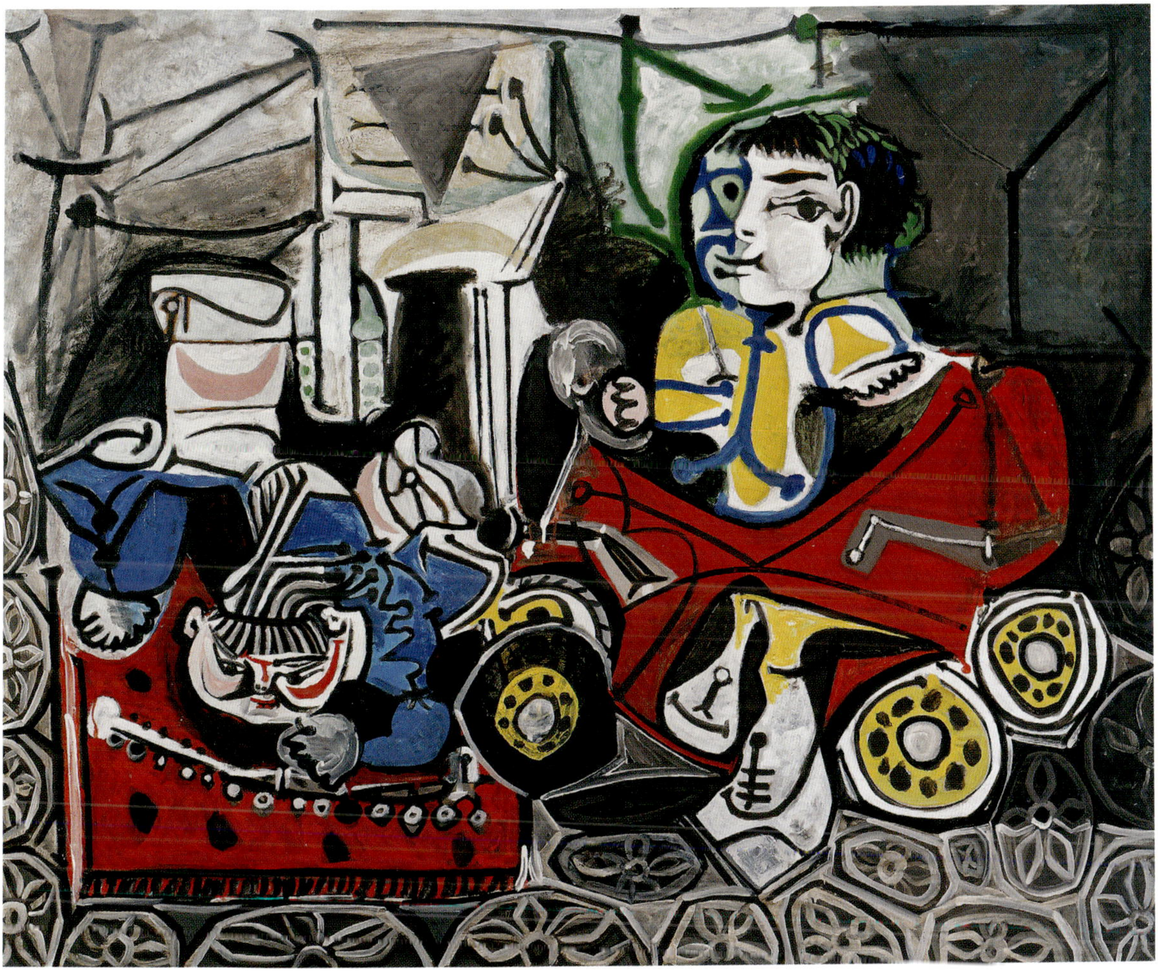

Les Jeux (Claude et Paloma)

1950, huile sur bois, 119 x 144 cm, collection particulière.

Scène de corrida

¡ CORRIDA !

Picasso est espagnol et son pays ne le quitte pas, même s'il habite en France. Le rituel de la corrida, le ballet du matador et du taureau dans l'arène le fascinent. Au point qu'il confie un jour que s'il n'avait pas été peintre, il aurait aimé être picador, ce torero à cheval qui fatigue le taureau avec une pique. Lorsqu'il s'établit dans le Midi, il se rend souvent avec ses amis aux arènes d'Arles ou de Nîmes. À cette époque, il peint toute une série de scènes de corrida où éclate sa maîtrise du dessin.

Comme un calligraphe, armé de son seul pinceau et d'un peu d'encre de Chine, il raconte de façon unique cette tragédie muette, ce combat mortel qui oppose un homme à un animal. Quelques traits assurés suffisent à rendre l'intensité dramatique de ce spectacle qui hante l'œuvre de Picasso.

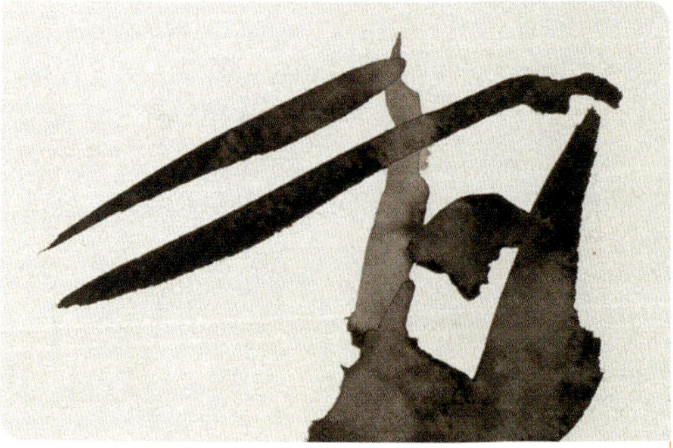

Ce torero est appelé banderillero. Il doit son nom aux banderilles qu'il tient entre ses mains : de longs bâtons terminés par des harpons. Le torero les plante à un endroit très précis, sur le dos du taureau.

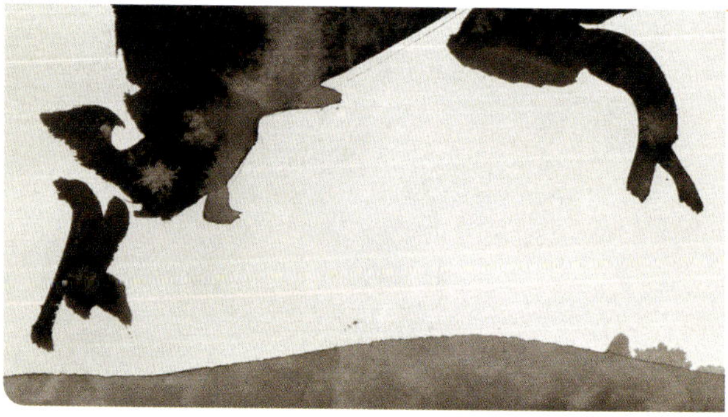

Le taureau est un symbole important chez Picasso qui en admire la vitalité et la force animale. Ici, ses pattes ne touchent plus terre. Il charge et s'élance contre le banderillero qui se cambre avant de frapper. Le temps est suspendu. Qui va être blessé ? La bête ou le torero ?

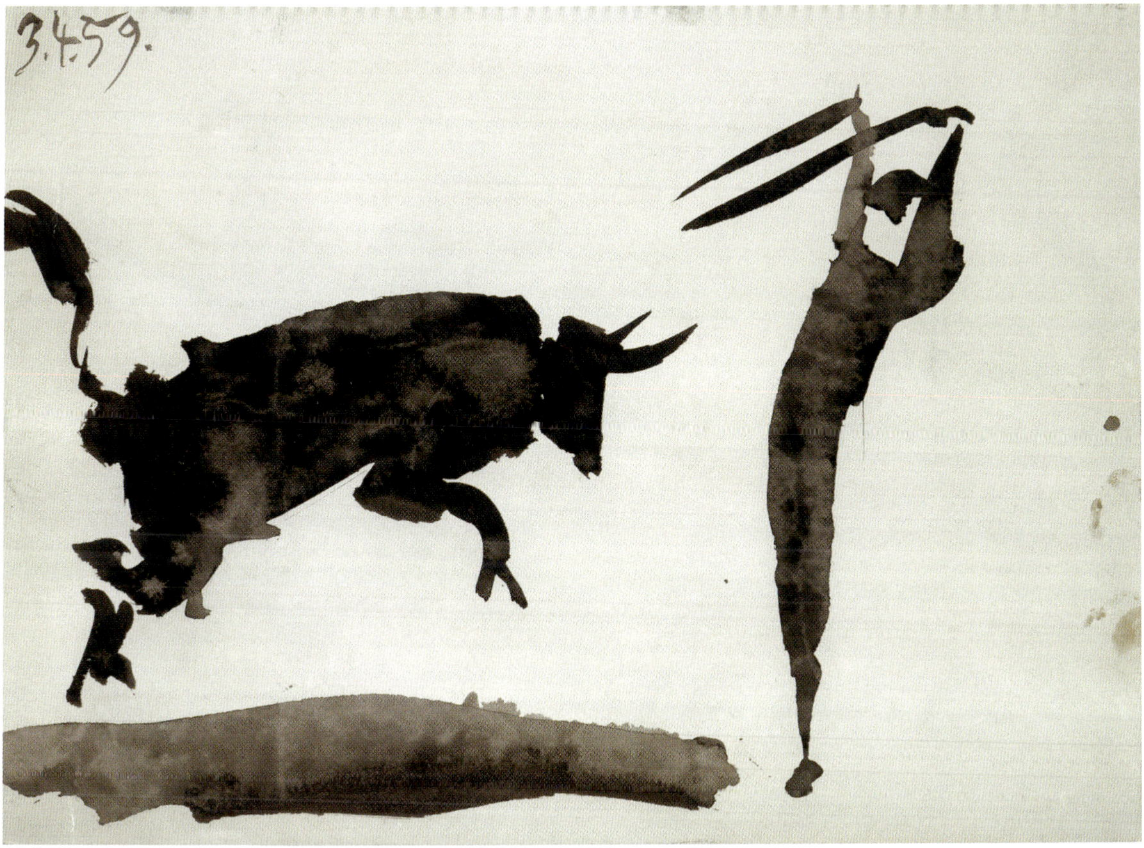

Scène de corrida ; la pose de banderilles

1959, encre de Chine, lavis, papier Ingres,
musée national Picasso, Paris.

Femme au chapeau à pompons et au corsage imprimé

COMME UN ENFANT

Après le départ de Françoise, Picasso se jette dans le travail avec une énergie extraordinaire. Il rencontre Jacqueline. Elle le surprend tant elle ressemble à l'une des *Femmes d'Alger* peintes par Eugène Delacroix en 1834. Elle a, dit-il, « le don de devenir peinture ». Bientôt, elle est sa muse, son univers entier. Elle est partout dans son œuvre avec son long cou, son profil à l'antique et ses sourcils noirs. Pour la représenter, Picasso varie les styles et les techniques.

Sculptée, gravée, dessinée ou peinte, de face ou de profil, parfois Jacqueline est assise dans un fauteuil, ou bien elle est par terre les bras autour des genoux, ou encore couchée, nue, en costume turc, avec un chat ou un chapeau... Pour la seule année 1962, Picasso peint plus de 70 portraits de sa nouvelle épouse !

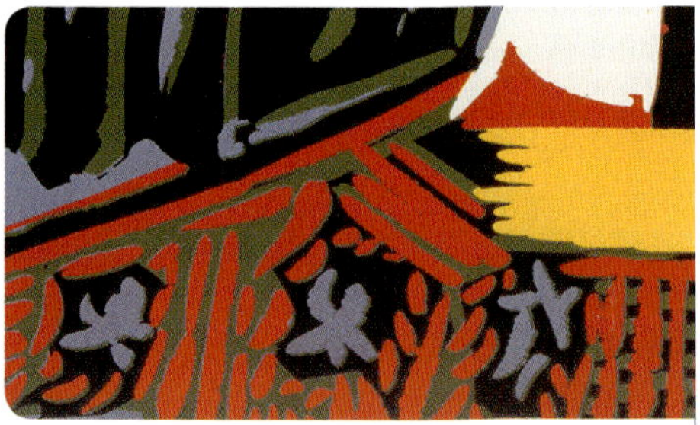

Pour faire ce portrait, Picasso a utilisé la linogravure, une technique de gravure qu'il expérimente en 1954. Si les premières créations sont monochromes, c'est-à-dire d'une seule couleur, Picasso produit rapidement des œuvres aux teintes franches et vibrantes.

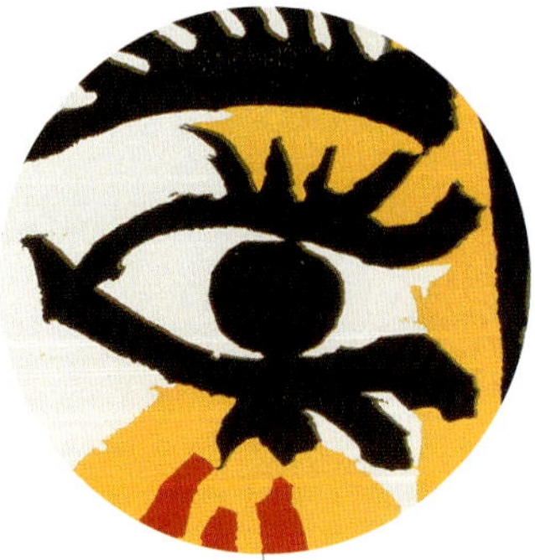

Avec un trait noir épais, il agrandit les yeux sombres, allonge exagérément les cils et épaissit les sourcils de son modèle. Le résultat ressemble à un dessin d'enfant. C'est justement cette spontanéité que Picasso recherche.

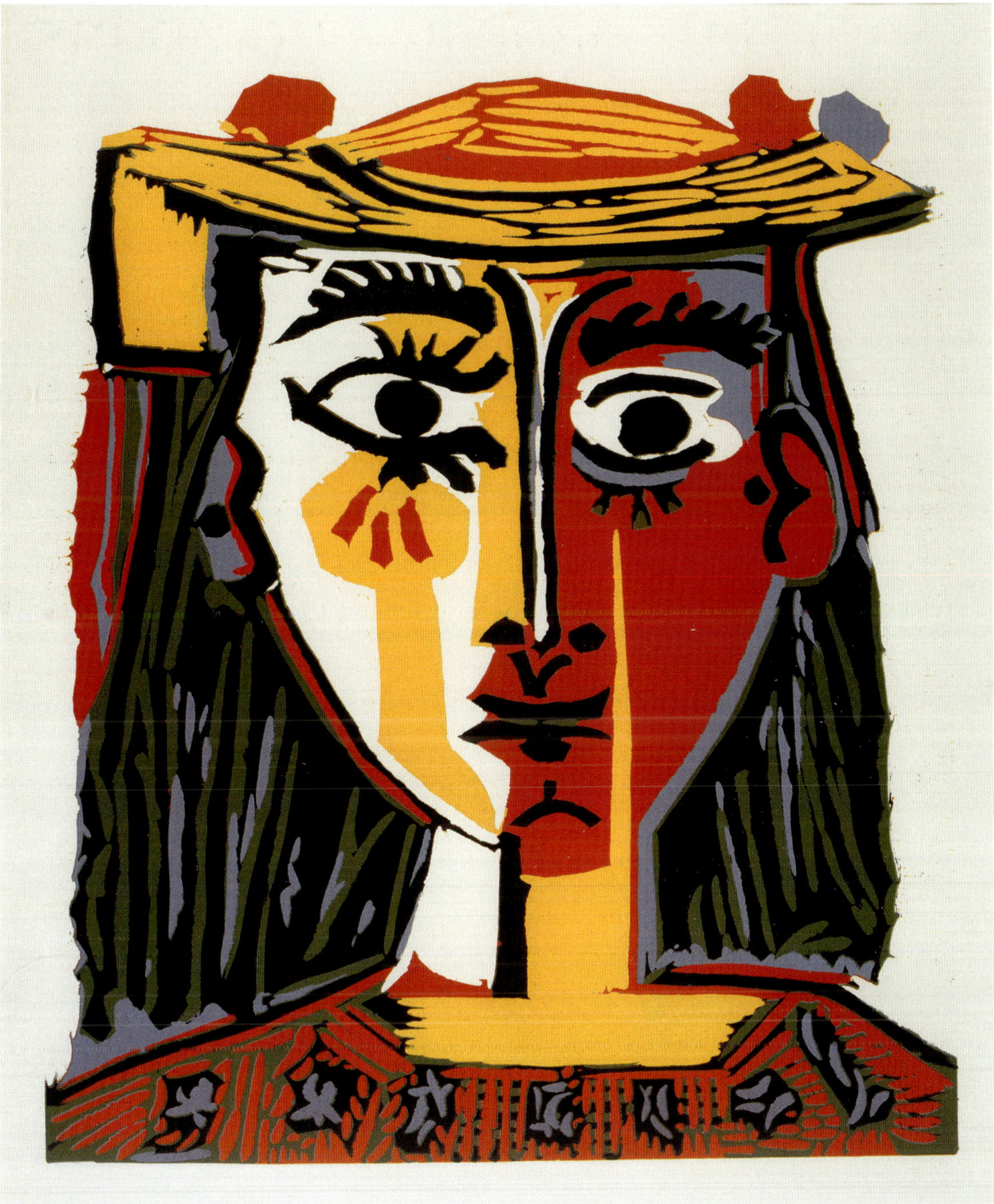

Portrait de femme au chapeau à pompons et au corsage imprimé

1962, linogravure en couleurs, 63 x 53 cm,
musée national Picasso, Paris.

Les Ménines

DIALOGUE AVEC LES MAÎTRES

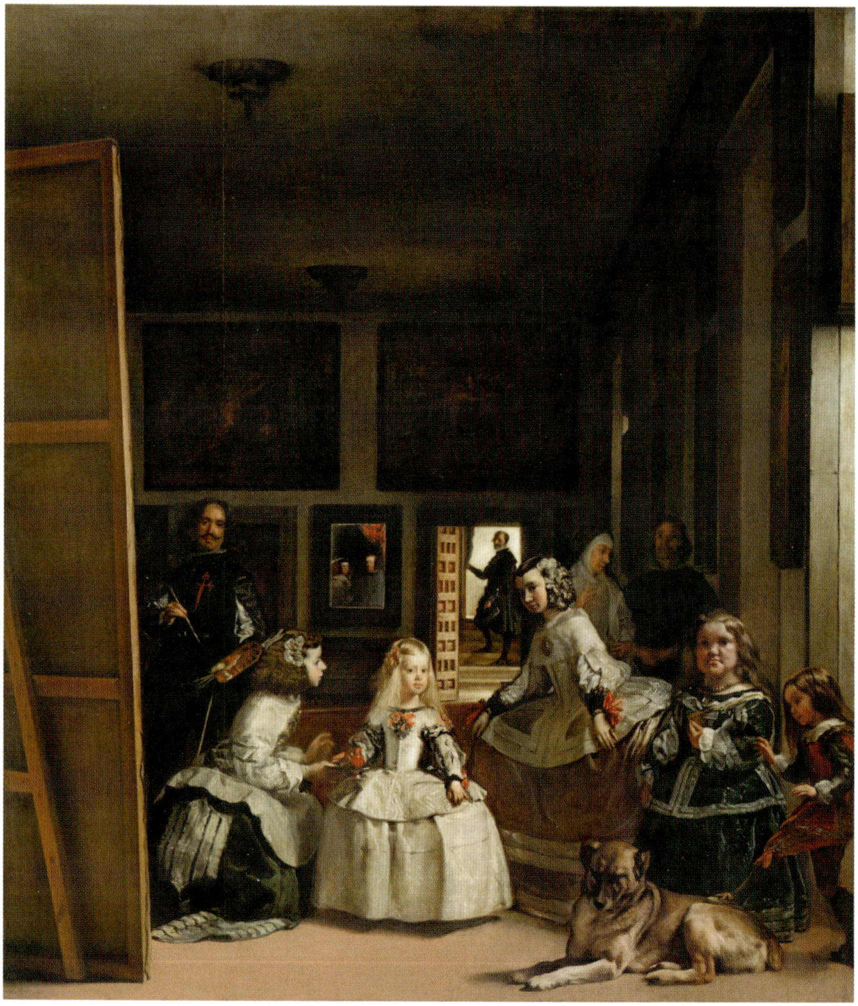

Les Ménines ou la famille de Philippe IV

Diego Velázquez, 1656, huile sur toile, 318 x 276 cm, Museo Nacional del Prado, Madrid.

À plus de 70 ans, Picasso trouve une richesse d'inspiration et un élan de créativité sans précédent. Comme une méditation sur sa façon de peindre, il se confronte avec les grands artistes du passé. Il décompose et recompose leurs chefs-d'œuvre.

En les réinventant, il rend hommage à sa manière aux grands maîtres qu'il admire. *Les Ménines*, de Diego Velázquez, lui inspire en deux mois pas moins de 44 toiles ! Ce tableau est le symbole de la peinture qui piège les apparences. Velázquez se représente lui-même à l'intérieur de la toile,

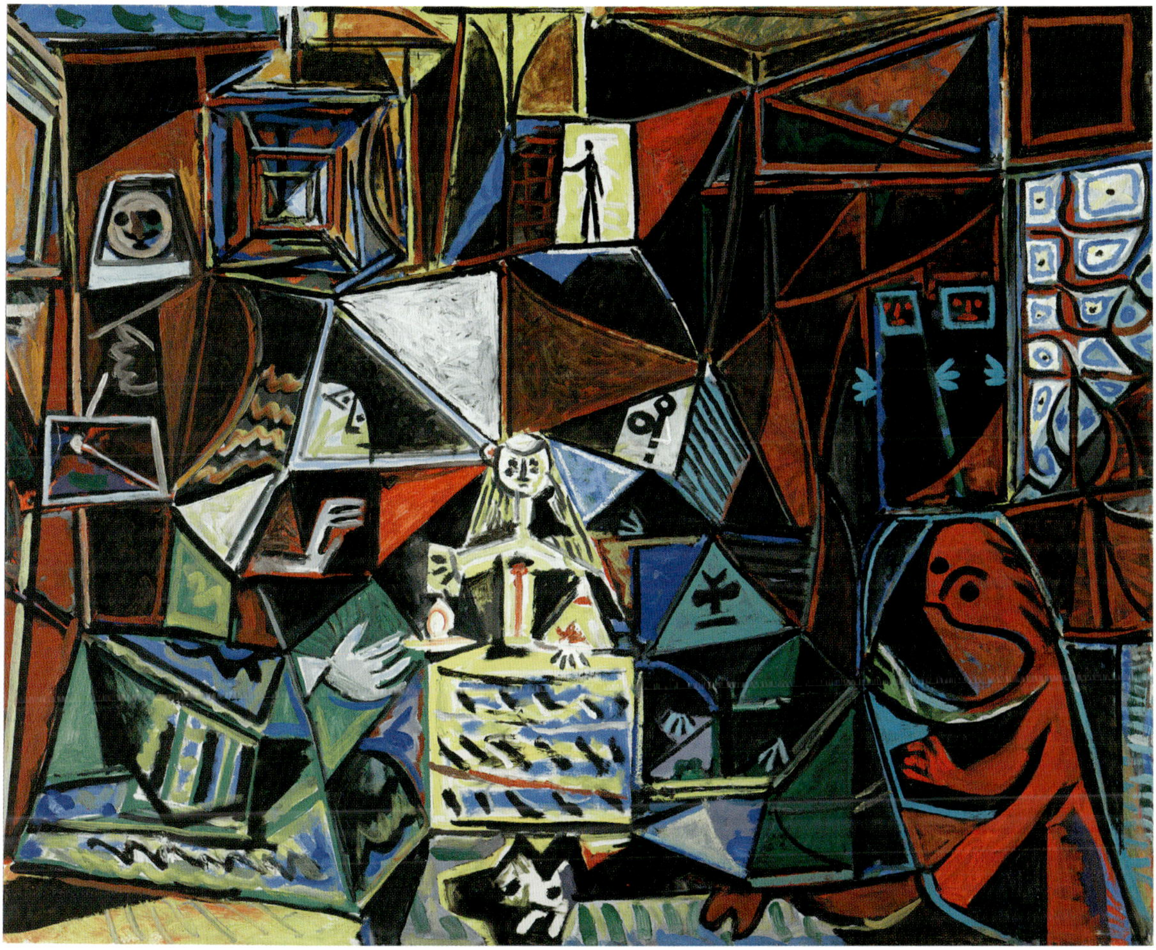

Las Meninas

Pablo Picasso,
1957, huile sur toile, 129 x 161 cm,
Museu Picasso, Barcelone.

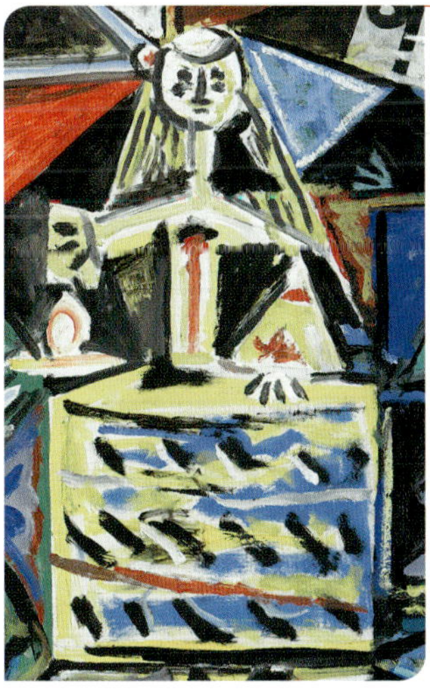

La petite princesse, l'infante Marguerite d'Espagne, est toujours au centre du tableau, avec ses longs cheveux et sa robe jaune, ici carrée comme une boîte.

il dévoile la scène qu'il peint et plonge ainsi le spectateur dans l'envers du décor. Picasso aime le mystère de cette œuvre célèbre. Dans ses variations, il en garde la composition d'origine mais, à la manière d'un jeu de piste, il change les couleurs, transforme l'espace et simplifie les personnages.

Le Déjeuner sur l'herbe

DIALOGUE AVEC LES MAÎTRES

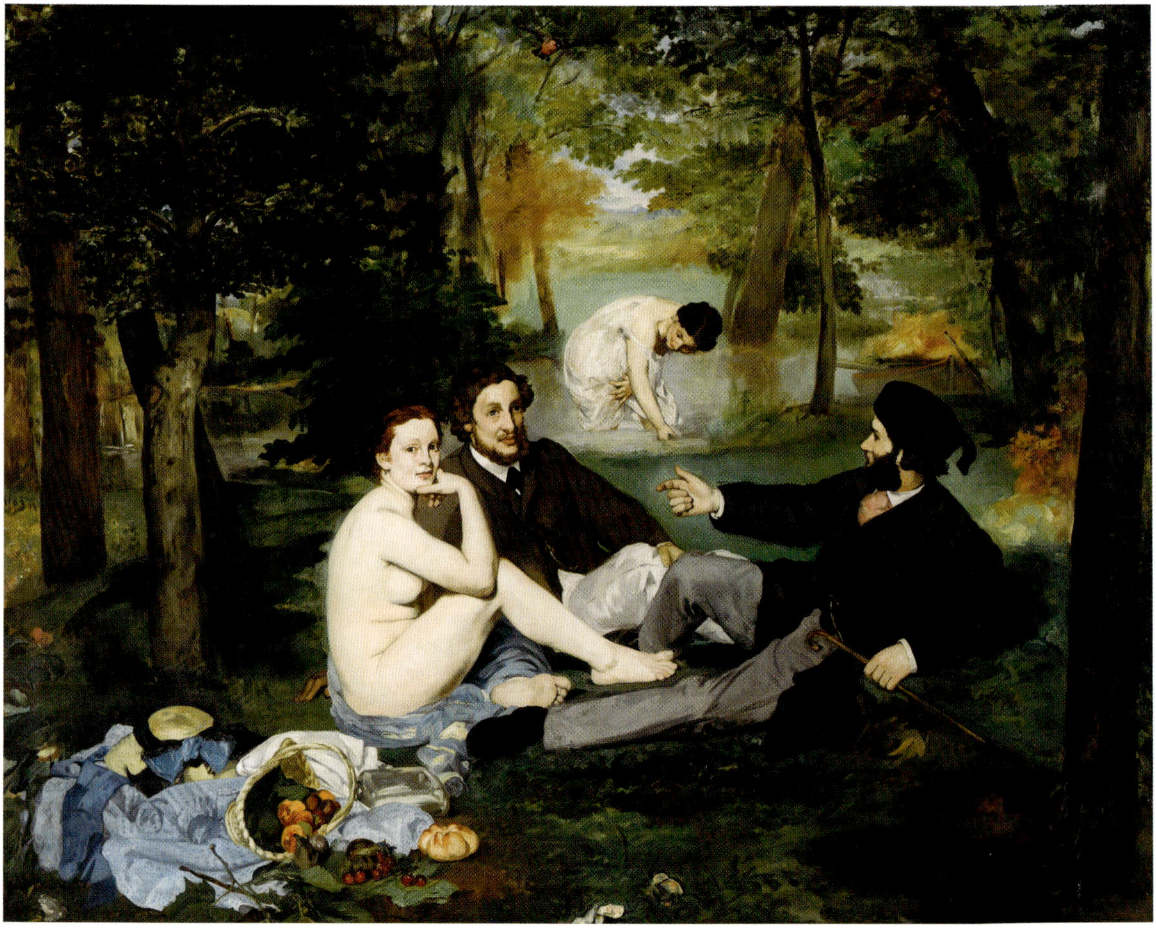

Le Déjeuner sur l'herbe

Édouard Manet,
1863, huile sur toile, 208 x 264,5 cm,
musée d'Orsay, Paris.

Quelques années plus tard, Picasso se penche sur un tableau d'Édouard Manet, *Le Déjeuner sur l'herbe,* dont le style et le sujet avaient provoqué un scandale en 1863. Encore une fois, il travaille avec acharnement et exécute 27 peintures, près de 150 dessins et même des sculptures en carton ! C'est la mise en scène et la relation entre

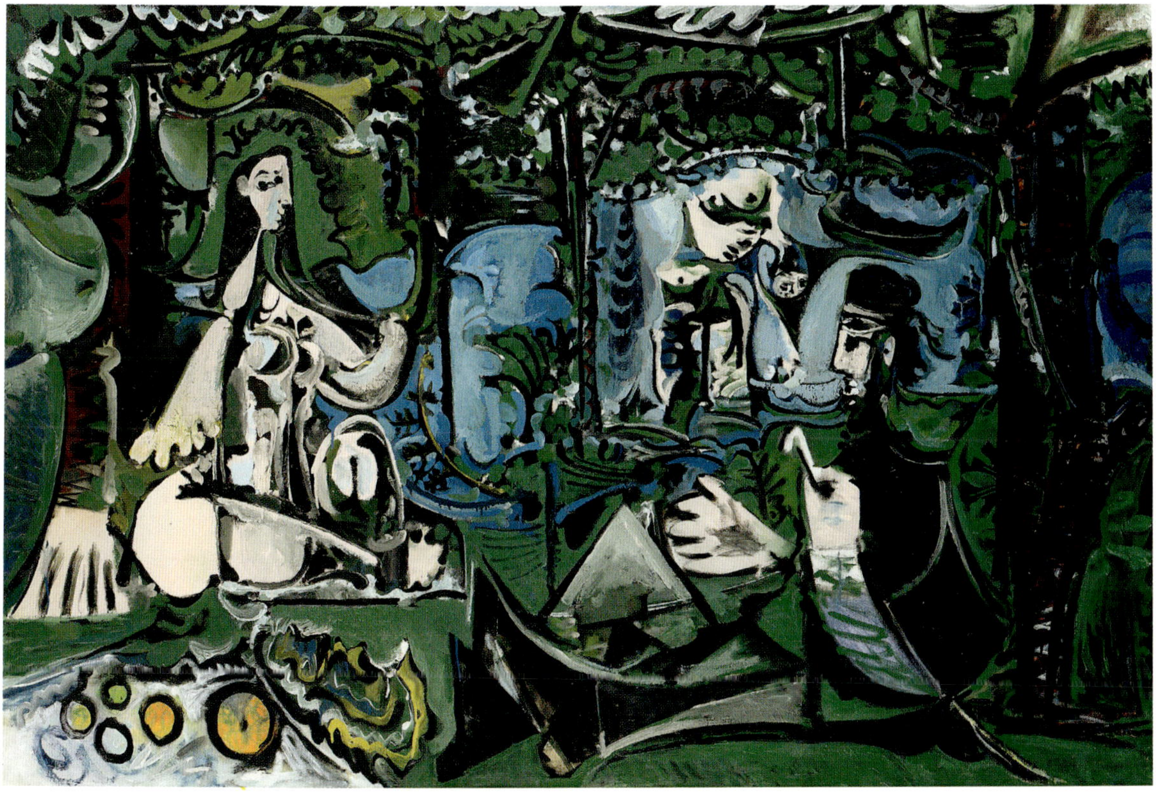

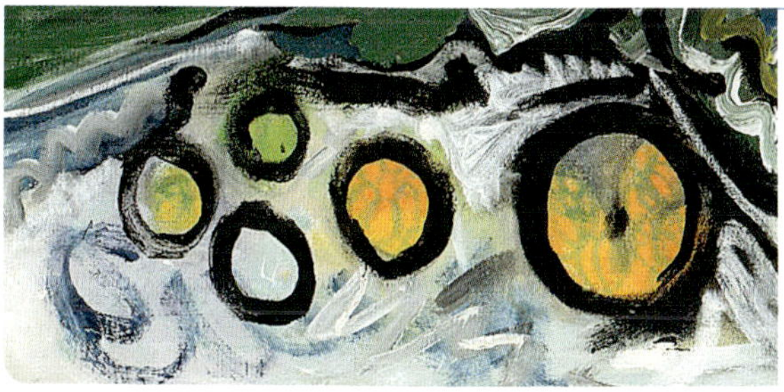

Manet a composé au bas de son tableau une riche nature morte pour évoquer le pique-nique. Picasso l'a réduite à cinq fruits ronds et cernés de noir.

Le Déjeuner sur l'herbe d'après Manet

Pablo Picasso,
1960, huile sur toile, 130 x 195 cm, musée national Picasso, Paris.

les personnages du pique-nique qui intéressent Picasso. Dans des décors aux tonalités vertes et bleues, il les promène et les malmène à sa guise. Ils changent de place, d'habit, de taille et de rôle selon les toiles. Ici, le second homme a disparu. La baigneuse semble se dissoudre dans l'eau de l'étang. Au centre du tableau, les deux personnages principaux discutent.

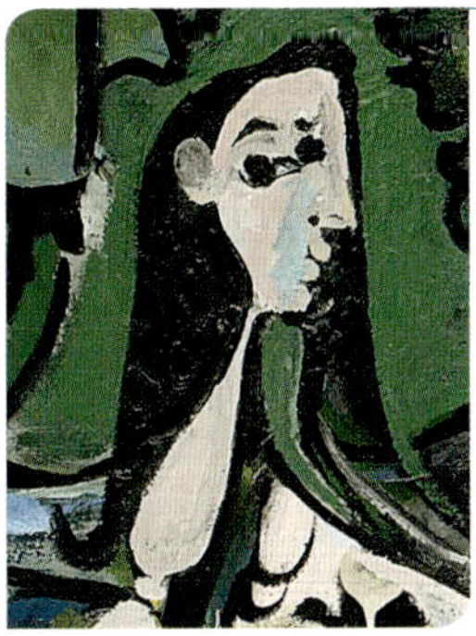

Le nu du tableau de Manet permet à Picasso de se pencher une nouvelle fois sur la représentation du corps féminin. Et d'y faire figurer Jacqueline que l'on reconnaît à son long nez droit et ses cheveux noirs.

Le Jeune Peintre

TOUT EST DIT

« J'ai de moins en moins de temps et de plus en plus à dire », dit Picasso, alors qu'il fête déjà ses 90 ans. Il peint sans cesse, accumulant les toiles à un rythme frénétique. On voit en lui un génie, il est célèbre comme une star de cinéma, de grandes expositions saluent son immense travail. À l'occasion de son anniversaire, le 25 octobre 1971, une sélection de ses œuvres est présentée au musée du Louvre. Et le public s'y précipite.

Mais, dans son atelier, Picasso sait pourtant que la mort arrive. La sérénité disparaît petit à petit de ses toiles. En 1972, il exécute deux ultimes autoportraits. L'un est déjà presque une tête de mort, effrayant. L'autre, celui-ci, est un dessin à l'encre légèrement peint. Dans des teintes délicates, il représente un tout jeune artiste le pinceau à la main. Picasso n'a plus d'âge. Sa peinture a traversé le siècle. Son destin de peintre est accompli.

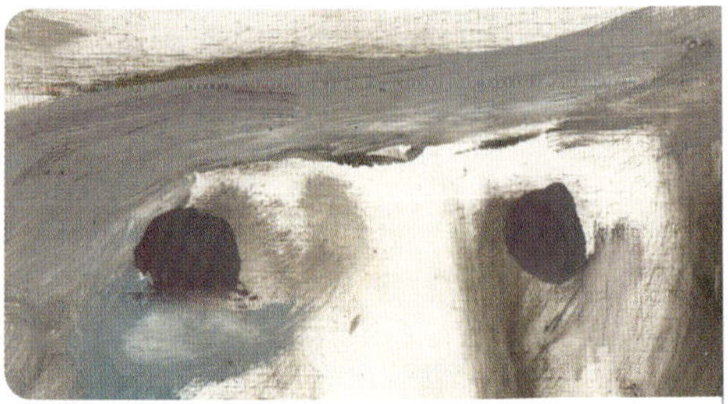

Le jeune artiste a les yeux noirs et ronds comme ceux de Picasso. Son regard est interrogateur, presque timide.

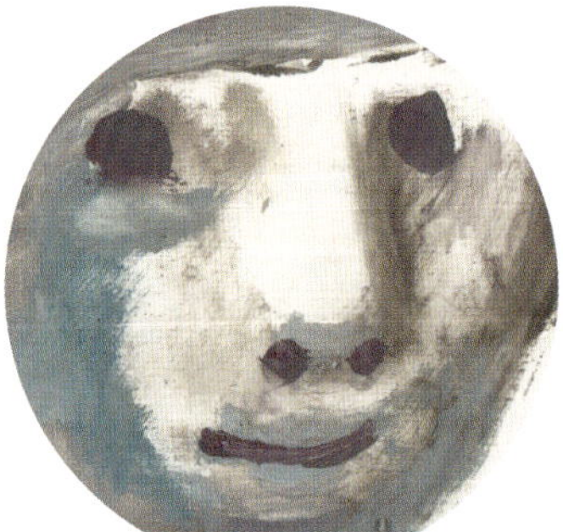

Pourtant, il affiche un sourire satisfait, comme s'il voulait signifier : « Voilà, tout est dit. »

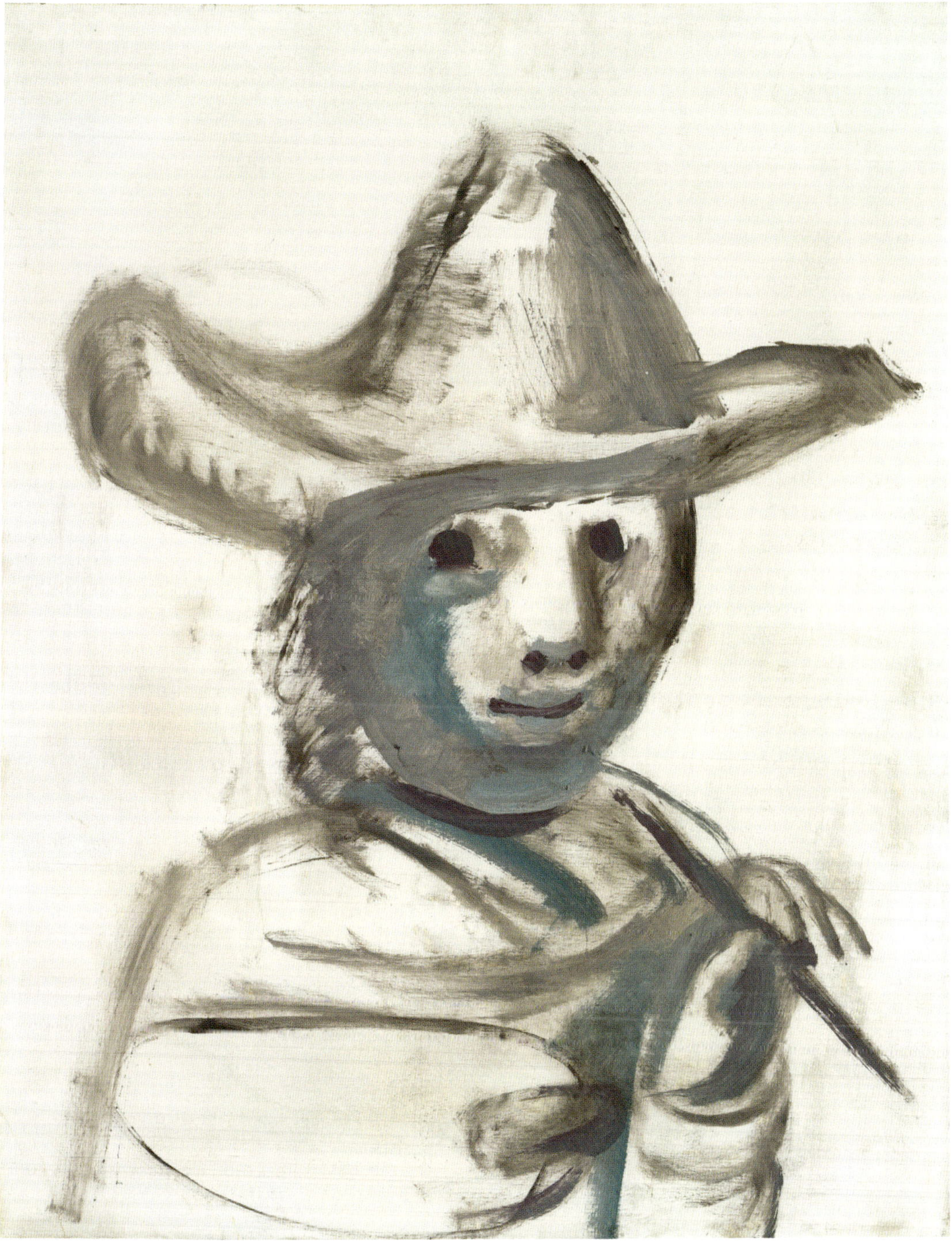

Le Jeune Peintre

1972, huile sur toile, 130 x 162 cm, musée national Picasso, Paris.

Still Life After Picasso

ROY LICHTENSTEIN

Picasso meurt le 8 avril 1973. Il laisse derrière lui une œuvre immense, foisonnante, multiple, qui compte près de 60 000 réalisations. Désormais la seule règle en matière d'art est la liberté de création. Ce peintre qui a stupéfié son époque est devenu l'un des maîtres incontestés de l'art moderne. Mais rien n'est terminé, « la peinture reste à faire » se plaisait-il à dire. Les artistes qui lui ont succédé le vénèrent, l'admirent et veulent l'assimiler pour pouvoir le réinterpréter à leur manière et se mesurer à lui. Un peu comme le faisait Picasso lorsqu'il interrogeait les grands maîtres.

L'Américain Roy Lichtenstein reproduit des vignettes des bandes dessinées de l'époque, les comics. Il les agrandit, en reprend le style épuré, les contours marqués d'un épais trait noir, les grands aplats de couleurs primaires (jaune, rouge, bleu) et même les bulles de dialogue. Pour imiter l'impression, il figure la trame à l'aide de pointillés, s'efforçant de peindre de façon mécanique. En 1964, reprenant une œuvre cubiste de Picasso, il réalise cette peinture sur plexiglas.

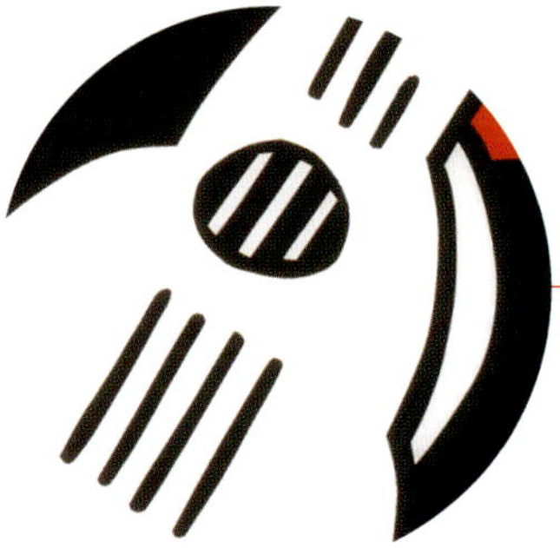

Dans cette nature morte, on voit immédiatement une guitare, cerclée d'une épaisse ligne noire. Cet instrument est fréquemment représenté par Picasso dans ses œuvres cubistes où on le retrouve peint, figuré avec des collages ou même construit avec du carton découpé.

Et sur la table que voit-on ? Une bouteille et un papier plié, avec dessus des petits traits comme pour figurer le texte sur la page d'un journal… Et puis il y a aussi un compotier blanc avec des fruits ronds dedans… Ça ne vous dit rien ?

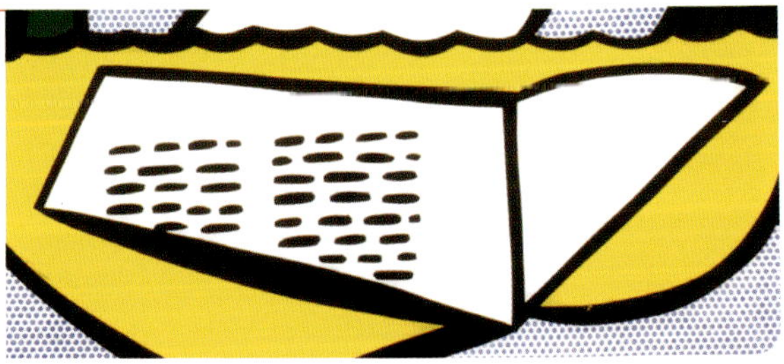

«Je peins un genre de Picasso à la manière d'un auteur de bande dessinée. [...] Le Picasso est ainsi transformé et acquiert un caractère qui lui est propre.»

Roy Lichtenstein

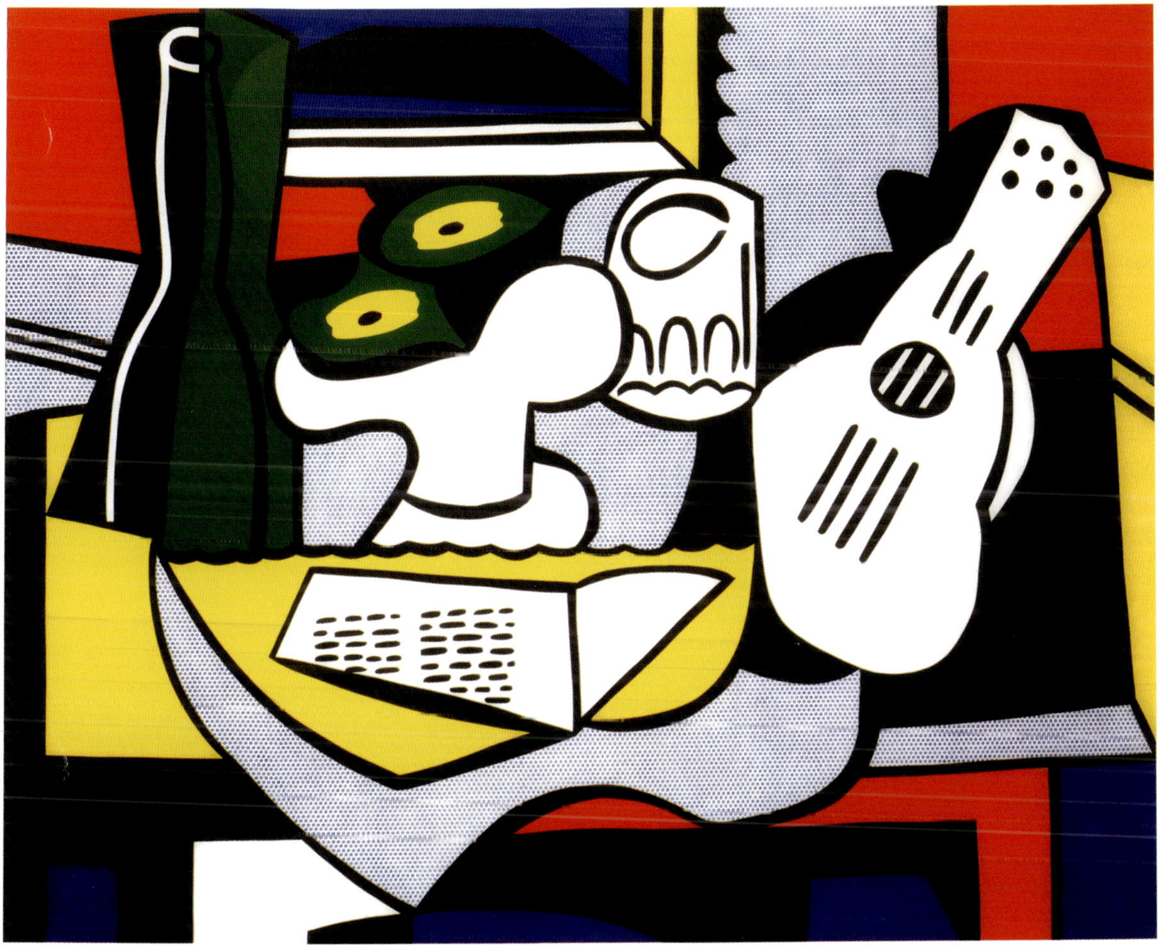

Still Life After Picasso [Nature morte d'après Picasso]

Roy Lichtenstein,
1964, magna sur plexiglas, 122 x 152 cm,
collection Barbara Bertozzi Castelli, New York.

Salut Pablo

NIKI DE SAINT PHALLE

Picasso a toujours aimé manipuler la matière. Tout au long de sa vie d'artiste, il soude du fil de fer, plie la tôle, taille le bois, modèle la terre comme un potier, découpe des cartons, ajoute du sable dans ses toiles. C'est cela que Niki de Saint Phalle admire chez Picasso, qu'elle salue avec ce dessin joyeux et plein d'énergie. Car cette artiste est elle aussi une prodigieuse « touche-à-tout ». Elle ose tous les formats, toutes les couleurs, tous les matériaux, et réalise des tableaux avec des objets, des « tableaux-reliefs ».

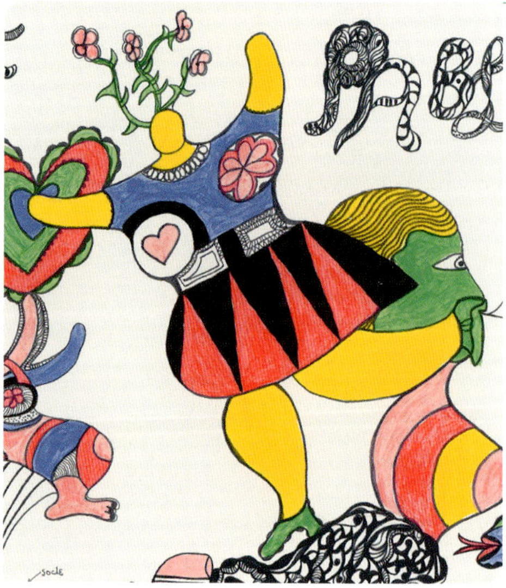

Niki a dessiné l'une de ses sculptures monumentales et colorées de femmes. Pour réaliser ces fameuses « nanas » qui la rendront célèbre, elle utilise toutes sortes de matériaux : du plâtre, du polyester, du fil de fer, de la fibre de verre.

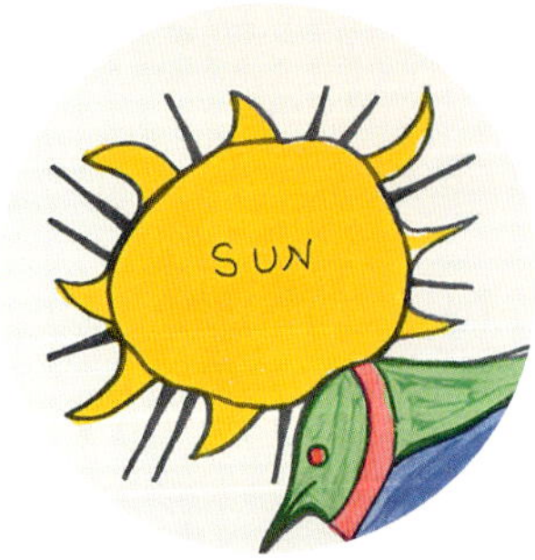

Le cœur, le soleil et la fleur sont des motifs que l'on retrouve souvent dans l'œuvre de Niki, tracés en couleurs vives sur les corps ronds de ses nanas.

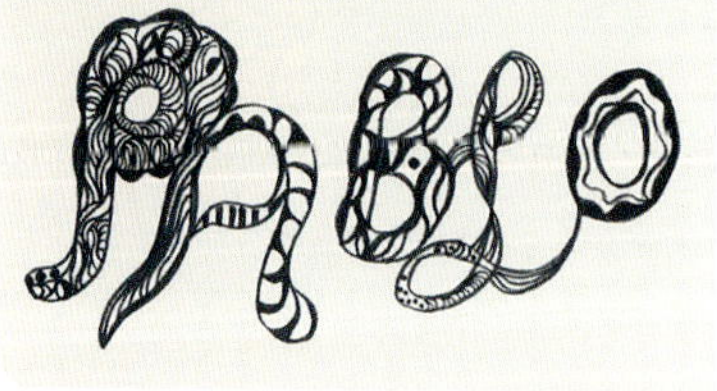

À l'image de Picasso dans ses tableaux cubistes, Niki introduit des mots dans ses dessins. Ici, elle les met dans des bulles. Mots d'amour, mots d'admiration : elle s'adresse directement à lui, comme si elle lui écrivait une lettre.

« Picasso était très important pour moi. J'aimais son immense liberté avec les matériaux [...] Sa manière de changer de style me stimulait. »

Niki de Saint Phalle

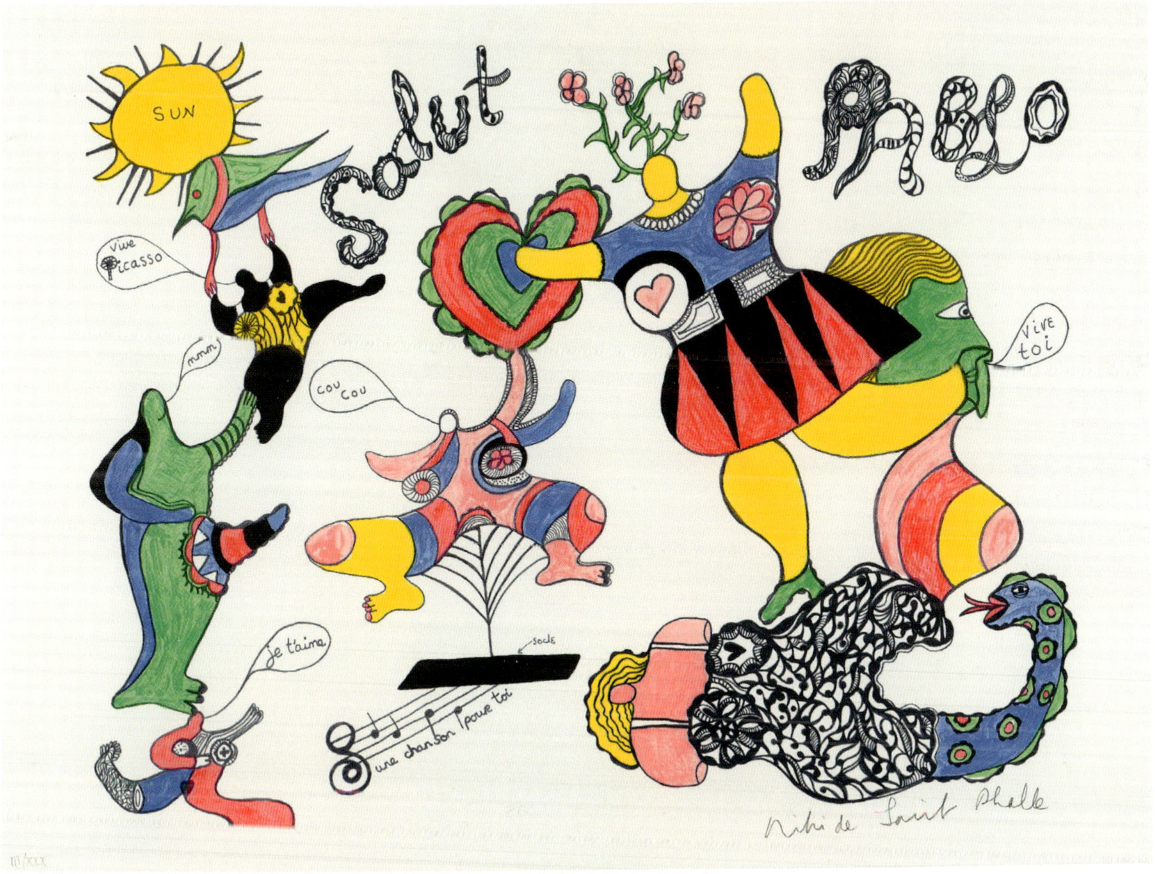

Salut Pablo

Niki de Saint Phalle,
1973, sérigraphie couleur, 55 x 75,9 cm, The Museum of Modern Art, New York.

Arlequin

DAVID HOCKNEY

David Hockney est étudiant quand il découvre Picasso. Il comprend alors qu'un artiste n'a pas besoin de se cantonner à un style unique. Il aime l'audace du maître et il estime que le cubisme qu'il a contribué à faire naître marque une étape fondamentale dans l'art du XXe siècle et dans la façon de figurer le monde. Dans les années 1980, il utilise une multitude de petites photographies pour composer des œuvres à la manière des cubistes. En 1980, à la demande de l'opéra de New York, David Hockney est chargé du décor d'une représentation de *Parade*, ce ballet pour lequel Picasso avait lui aussi travaillé le rideau de scène et les costumes en 1917. Comme dans un rêve, l'artiste britannique revisite l'œuvre de Picasso, lui rendant ainsi hommage.

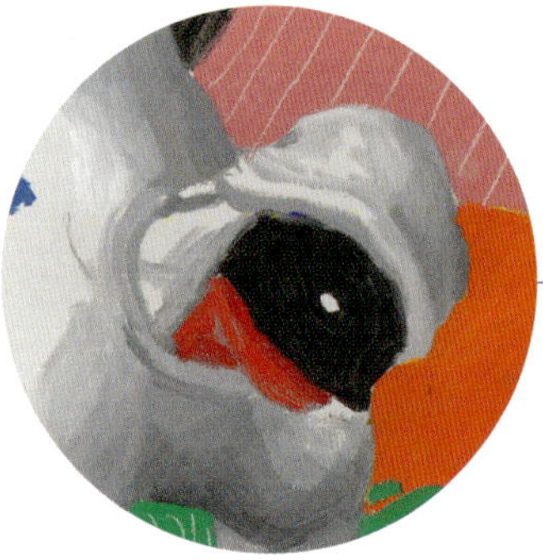

Arlequin est l'une des figures favorites de Picasso qu'il présente un peu comme son double. Le visage caché derrière un masque de carnaval, il fait le poirier dans un décor aux couleurs brillantes.

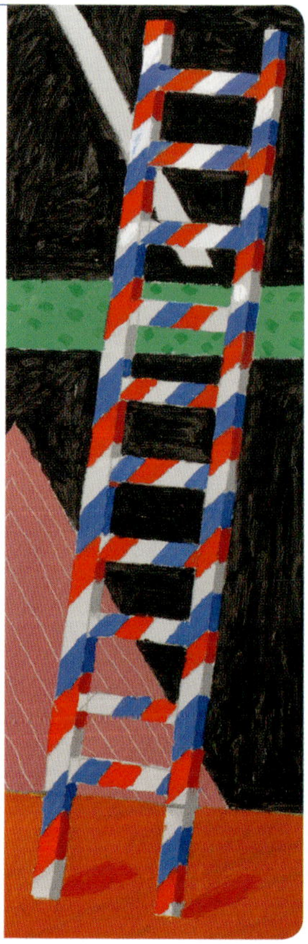

Comme un clin d'œil au maître de l'art moderne, Hockney a mis sur sa toile une échelle rayée rouge, bleu et blanc, exactement la même que celle qui apparaît sur le rideau de scène de Picasso.

«Je peins une nouvelle image tous les quelques jours, pillant Picasso et Matisse et j'en aime tous les instants.»

David Hockney

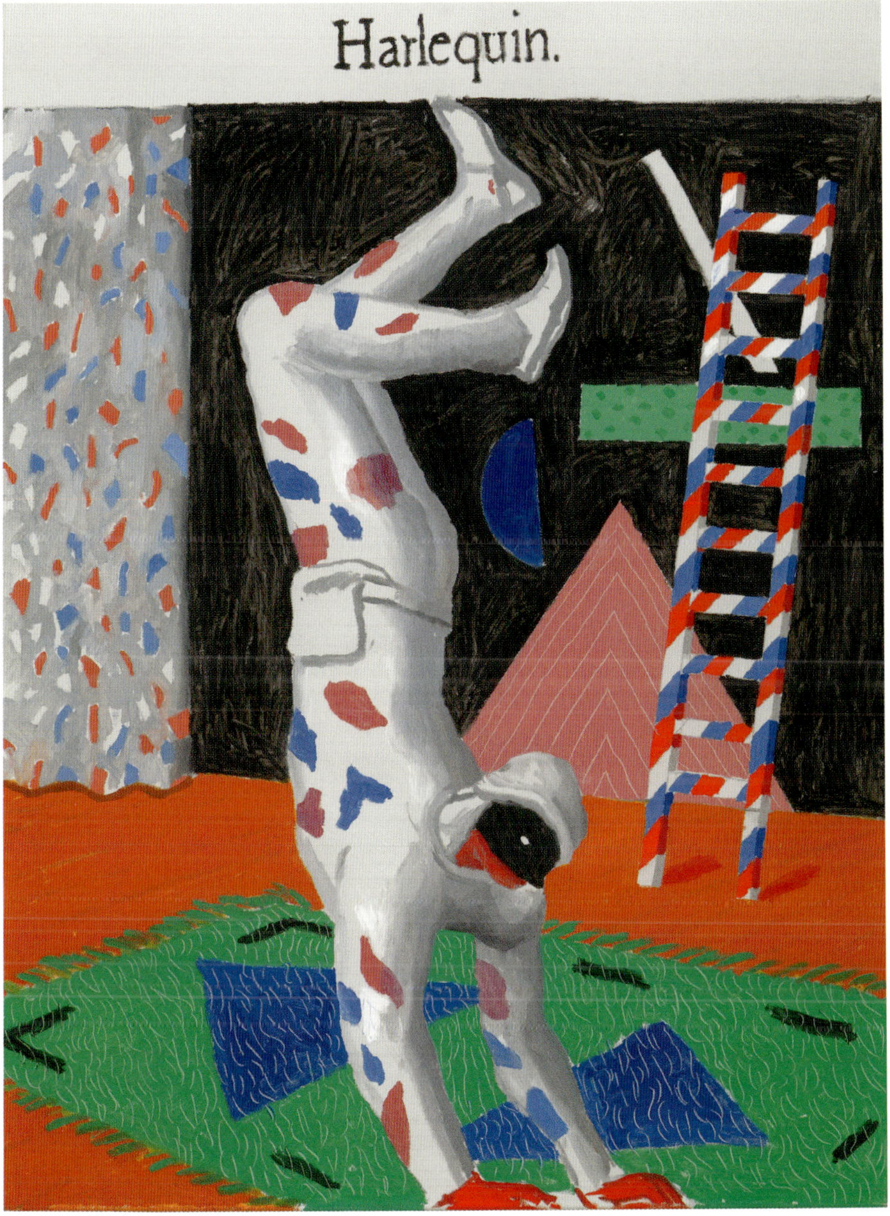

Harlequin [Arlequin]

David Hockney,
1980, huile sur toile, 121,9 x 91,4 cm, The David Hockney Foundation, Los Angeles.

Glossaire

ACADÉMISME :
c'est un courant artistique qui se développe au XIXe siècle. Les règles pour peindre sont alors strictes et précises. Les sujets doivent être de préférence historiques, mythologiques ou religieux, et réprésentés avec le plus grand sens du détail. Ces principes rigides seront dénoncés par les peintres impressionnistes.

AUTOPORTRAIT :
c'est un portrait que l'artiste fait de sa propre personne, souvent en se prenant pour modèle dans un miroir.

CALLIGRAPHIE :
c'est l'art de tracer les lettres de façon élégante et ornée, souvent avec un pinceau ou de l'encre. C'est un art très important dans les civilisations arabe et chinoise.

CÉRAMIQUE :
c'est l'art de fabriquer des objets utilitaires ou décoratifs à partir d'argile. La terre humide est façonnée souvent à l'aide d'un tour. Elle est ensuite cuite dans un four à haute température puis peinte et décorée avant d'être cuite à nouveau.

GRAVURE :
il existe deux types de gravure. Dans la gravure en relief, le support solide (bois ou linoléum dans le cas de la linogravure) est creusé, encré puis appliqué sur une feuille. Seules les parties en reliefs seront recouvertes d'encre et s'imprimeront sur la feuille. Dans la gravure en creux, une plaque de cuivre ou de zinc est entaillée. Cette fois, ce sont ces parties creusées qui vont retenir l'encre.

NATURE MORTE :
c'est une peinture, un dessin ou une photographie représentant des objets inanimés (fruits, fleurs, vases) ou des animaux morts.

TROMPE-L'ŒIL :
c'est une peinture qui, comme son nom l'indique, est destinée à tromper l'œil et à donner l'illusion du relief à partir d'une surface plane.

Crédits photographiques

Antibes, musée Picasso / photo imageArt – Claude Germain : **p. 34-35**

Barcelone, Museu Picasso / photo Gasull Fotografia : **p. 8-9, 49**

Florence, agence Scala : 2015. Digital Image, The Museum of Modern Art, New York / Scala, Florence ; **p. 14-16** ; © 2015 Niki Charitable Art Foundation / Adagp, Paris 2015 / photo 2015. Digital Image, The Museum of Modern Art, New York / Scala, Florence : **p. 56-57**

Madrid, Museo Nacional Centro de Arte Reina Sofia / photographic Archives Museo Nacional Centro de Arte Reina Sofia : **p. 30-33**

Paris, agence Bridgeman Images : Goteborgs Konstmuseum / Bridgeman Images : **p. 12-13**

Paris, Réunion des musées nationaux-Grand Palais : Rmn-Grand Palais (musée d'Orsay) / Benoît Touchard / Mathieu Rabeau : **p. 50** ; Rmn-Grand Palais (musée Picasso de Paris) / Michèle Bellot : **p. 46-47**, couverture ; Rmn-Grand Palais (musée Picasso de Paris) / Jean-Gilles Berizzi : **p. 22-25, 44-45, 51-53** ; Rmn-Grand Palais (musée Picasso de Paris) / Béatrice Hatala : **p. 10-11, 36-37** ; Rmn-Grand Palais (musée Picasso de Paris) / Hervé Lewandowski : **p. 20-21** ; Rmn-Grand Palais (musée Picasso de Paris) / René-Gabriel Ojéda : **p. 17, 26-29** ; © Centre Pompidou, MNAM-CCI, dist. Rmn-Grand Palais / Jean-Claude Planchet : **p. 18-19** ; © Centre Pompidou, MNAM-CCI, dist. Rmn-Grand Palais / droits reservés : **p. 38-39** ; © Museo Nacional del Prado, dist. Rmn-Grand Palais / image du Prado : **p. 48**

Collection particulière : courtesy Thomas Ammann Fine Art AG, Zurich : **p. 40-41** ; photo Maurice Aeschimann : **p. 42-43, 4e de couverture** ; © Estate of Roy Lichtenstein New York © Adagp, Paris 2015 / photo courtesy Castelli Gallery, New York : **p. 54-55**

© Robert Doisneau / Rapho : **p. 5**
© David Hockney / photo Richard Schmidt : **p. 58-59**

Avertissement : l'ensemble des œuvres est également reproduit en pages **6** et **7**.